這本書送給親愛的：

我要送你一句，我也很喜歡的正能量：

希望我們都能從中，得到一點生活的啟發。

愛你的

____

每日一句正能量

保持樂觀的365種態度

陳辭修◎著

自序

我們都需要一點正能量——給有緣拿到這本書的你

不知為何，這幾年社會上很常聽到「正能量」這個詞。

「正」的意思為：合於法則、合於道理的、純正的。「正能量」，即是純正的力量，也是一種正面的心態、磁場或者氣場。

正能量可以來自他人，可以來自環境，但最重要的，是來自於你自己。

當你睜開眼，面對一天的早晨時，你是什麼樣的心情？是被鬧鐘不甘心的叫醒，還是精神奕奕，充滿活力，準備好面對新的一天？當你遭受挫折、困難時，你是如何看待？是把它看成挑戰，更勇往直前？還是就此退縮，從此一厥不振？

答案其實都來自於你的心。態度，決定了人生的高度。

每個人心中都有一句正能量，只是我們有時忘了，需要幫忙呼喚出來。

當今的社會裡，充斥著沉重與消極的氛圍，每天上演著各種社會案件，我時常看著新聞感嘆，如果當時有人能幫他們一把，轉個念，換個想法，是不是就可以避免掉許多不幸？

這也觸發了我收錄編撰這部《每天一句正能量》的動機，希望越來越多的人，能受到正能量的吸引，把這本書看做每天服用的精神維他命。心情沮喪時，隨手翻一翻；憤怒焦慮時，隨手翻一翻。你會發現，人生，其實沒有這麼難，還有許多的機會、許多的可能在等著你。

三百六十五篇小文章，隨著人生境遇的不同，在不同時間點，不同場合閱讀，都能帶給你不同的感觸。正向思考，翻轉人生。

最後，我要感謝讓這本書付梓的紅螞蟻圖書公司。希望本書在任何時刻，都能帶給你滿滿的勇氣與力量。

陳辭修　二〇一六年十二月

各家名人推薦

我們都只是人間的過客而已，空手來，又空手回去。一切一切都是過眼雲煙，我們不要想去佔有，你就能放下一切，就能忘了一切。捨與得，矛與盾都是相互依存又相互排斥的。人生就是一個不斷選擇，不斷放棄的過程。沒有果敢的放棄，就不會有頑強的堅持。當一切塵埃落定，往日的喧囂歸於平靜，我們才會真正懂得：放棄也是一種選擇，失去也是一種收穫。

台灣更生保護會
董事長
王添盛

各家名人推薦

每個人都會遇到他事業的瓶頸，沒錢，沒人幫沒人救，業績提不上去，這些困難不是上天賦予你特定的禮物，它屬於每一個有夢想的人，它可以擊垮一個人，也可以成就一個人，而問題就在於誰能戰勝它，一份事業，值不值得你去奮鬥，不是看錢多錢少來衡量，而是發自內心的喜歡，你喜歡它多一點，那麼克服掉的困難就會多一些，你的收穫就會多一點，當你能夠自信的說，這是我一輩子要幹的事業，那麼你的行為，終將會感動周圍的人。

歌手、資深廣播、電視節目主持人

吳青陽

各家名人推薦

有的時候，低頭才能看見自己的幸福，才能看見自己的不足。仰望出來的幸福不是幸福，低頭看看，身邊最普通的生活才充滿了真實的幸福。如果總是昂著頭，不會看見自己的缺點，適時的低頭想想，反省一下自己，發現不足，才能完善自己。看不見自己的缺點和毛病，這就是傲慢心，這是一切痛苦的根源，平和帶人留餘地，低調做人，才是跨進成功之門的鑰匙。

台鹽實業股份有限公司
總經理
吳旭慧

各家名人推薦

能幹的人，選擇改變；懶惰的人，選擇適應，懦弱的人，選擇迴避；勇敢的人，選擇放手。做一個什麼樣的人，決定權在自己；要過什麼樣的生活，決定權也在自己。透過批評的眼睛看，世界充滿了有缺陷過失的人。透過傲慢的眼睛看，這世界充滿了低賤愚痴的人。透過智慧的眼睛看，你會發現原來每一個人都有值得你尊重及學習的地方。順境，不得意忘形，逆境，不懷憂喪志。

雄獅鉛筆廠股份有限公司
董事長
李翼文

各家名人推薦

人間的情，親二時，疏一時，時時都有因緣；人間的緣，善二段，惡一段，段段命中註定；請別去試探人心，它會讓你失望。掏心掏肺對一個人，要麼得到一生的知己，要麼換來一生的教訓。有些事知道了就好，不必多說。做好自己該做的，無論別人眼中的你是什麼樣子。切記，永遠做善良的自己，感恩的自己，擔當的自己。

邱再興文教基金會
董事長
邱再興

各家名人推薦

不管你現在面臨多少困難，但是在某一天，你回顧來時路時會意識到，你所付出的努力和堅持，都是在把自己的生活改變得更好！你正在為自己的未來打拼，也許有時候，會看不到盡頭，但你要相信，度過了這一段自己都能感動自己的日子之後，你想要的，歲月通通都會還給你，任何值得去的地方，都沒有捷徑！

台灣更生保護會台北分會
主任委員
林炳耀

各家名人推薦

一個有能力的人，開疆闢土，篳路藍縷，實在過不去就繞個彎，也要前進，這就是能力，決心就是力量，坦承就是效率。平坦不是最佳道路，起伏才有豐富人生！

一個人可以不成功，但不可以不成長，成長比成功更重要！

凡事找方法去解決者，一定是成功者，凡事找藉口推託者，必定失敗。成功最重要的：一是選擇，二是堅持。

綠色和平電台
董事長
行政院體育發展委員會
委員

陳雨鑫

各家名人推薦

學會對人寬容，擁有容忍的肚量。寬容別人，就是肚量；謙卑自己，就是份量。合起來，就是一個人的品質。學會寬容，世界會變得更加廣闊，忘掉計較，人生才會永遠快樂。做人要懂得感恩，沒有什麼是理所當然的，也沒有什麼人就理應為我們付出的，學會感恩，用感恩的心，去感動那些真正為我們付出的人，用真摯的情，去回報那些一直在為我們奉獻的人。

日藥本鋪股份有限公司
董事長
謝德璋

各家名人推薦

有些束縛，是我們自找的，有些壓力，是我們自給的，有些痛苦，是我們自願的，只有堅持做好自己，才能看到下一秒的路。陪伴你到終點的，只會是你與你的影子！相信自己，我們能作繭自縛，我們就能破繭成蝶！你忍受不了化繭成蝶前的一陣子痛苦，人生最精彩的成功快樂就會與你無緣。

你是個普通人，你只有把有限的資源聚焦於一點，並堅持到竭盡全力，才有可能享受到鳳凰涅槃後的不平凡人生！

台灣宇喬實業有限公司

負責人

羅月秋

每個人心中，都有一句正能量……

001

走遍世界，也不過是為了找到一條走回內心的路。

人生是一場獨自的修行，謀生亦謀愛。

人生的旅途中，大家都在忙著遇見各種人，以為這是在豐富生命。可最有價值的遇見，是重遇了自己。

那一刻你才會懂：有的路，用腳去走，有的路，用心去走。

002

做一個值錢的人，比做一個有錢的人更重要。

經營一份事業，不僅僅是為了要賺錢，更是為了讓自己人生變得獨立精彩，在追求中自我成長。

當人內心強大，修養足夠時，賺錢只是順帶的事，成功也只是優秀的附產物。

人的成長比賺錢更重要，人的成熟比成功更重要。

勤奮，成就生活之美！

003

從懸崖跳下，才能長出翅膀。

有時候，突發的危機大到讓你覺得失去掌控，你手足無措地跌落在泥沼裡，無助地仰望星空。

試著相信，每一種危機都有其意義，就能走出恐懼，看見自己其實握有度過難關的能力。

告訴自己：「不論這件事看起來有多棘手，我一定有辦法解決。」

危機是提供快速成長的轉機，從懸崖跳下，才能長出翅膀。

004

窗外有藍天，做個有溫度的人。

懷著仁慈的心看待身邊的每一個人，把愛播散給需要關懷的人。也許一個微笑、一句鼓勵，一個眼神，都能讓人感受到被關注的溫暖。

你也會有需要接受別人幫助的一天吧，今天的付出其實就是你明天的收穫呢。

窗外有藍天，一起做個有溫度的人吧。

005

人的成功是委屈成就的，如果你沒有成功，只說明一點：委屈還不夠。

人生在世，注定要受許多委屈，面對各種委屈，要學會一笑置之。只有這樣，你才能在隱忍原諒、寬容中成長壯大。人的成功是委屈成就的，如果你沒有成功，只說明一點：委屈還不夠。

006

熱愛生活，不拒絕苦難，超然看待委屈。

人之所以快樂，並不是因為擁有的多，而是因為計較的少。

樂觀的心態來自寬容，來自大度，來自善解人意，來自與世無爭。

人生沒有完美，想通了，想開了就是完美。

007

世界上沒有無緣無故的愛或怨恨，都只是遇見了自己。

有人喜歡你，那是他在你身上，照見了他喜歡的特質，跟你無關，你淡然面對，並做好自己。

有人討厭你，是他在你身上，投射到他排斥的自己，跟你無關，你坦然面對，做好自己。

有人欣賞你，是他透過你，碰撞了內在的自己，跟你無關，你欣然面對，做好自己。

008

「懂得」是情感世界中最深情又最深刻的詞彙。

懂得，就是用我的目光去撫慰你的憂傷。
懂得，就是用我心比你心。
懂得，就是無語的聆聽你靈魂的聲音。
一句「我懂你」可以融化一座冰山，可以讓絕境攀爬出愛的藤蔓，可以讓枯萎的心靈開滿歲月的鮮花。
只有「懂得」，才會從容。
若你懂得，請珍惜。

009

學會接受命的殘缺和悲哀，然後心平氣和。

你要生活得隨意些，你就只能活得平凡些。
你要活得輝煌些，你就只能活得複雜些。
你要活得長久些，你就只能活得簡單些。
在這個世界上，沒有一勞永逸、豪無瑕疵的選擇。
學會權衡利弊，放棄一些什麼，才有可能得到些什麼。

010

學會接納自己。

有的人常常埋怨自己的出身、家庭、境遇，似乎一切都不公平，都不是自己想要的。

其實，一個人對生命的透悟，是學會接納昨天、今天，甚至明天的自己，否則，無論外在的物質多麼豐富，內心卻總有一塊無法止血的疤。

愛，從接納自己開始。

011
每一次的禪修，都是一場自我和身心的對話。

看一看，自己的「心」是什麼樣子？有所謂大小、方圓、顏色、長短嗎？有什麼能比量這顆心嗎？每一次的禪修，都是一場關於身和心的對話，是一場走回自我的探索之旅，所有的念頭都遵從這樣的自然法則，來無所處，住無所處，去無所去。

012

每個人心中都有一片海，自己不揚帆，沒人幫你啟航。

人生就是一場自己與自己的較量，自己與自己的比賽。

讓積極打敗消極，讓快樂打敗憂鬱。

讓勤奮打敗懶惰，讓堅強打敗脆弱。

在這充滿希望的清晨，告訴為夢想奔跑的你，遇見最美的自己。

013

人生的精彩在於你淡忘多少，唯有邊走邊棄才能走得更遠。

人生不過如此，只有且行且珍惜，自己永遠是主角，何必總在別人戲裡當配角呢？你成不了心態的主人，必會淪為情緒的奴隸。心若不動風又奈何？不論今天怎麼困難都要堅信：只有回不去的過去，沒有到不了的明天。人生的精彩在於你淡忘多少，唯有邊走邊棄才能走得更遠。

014

走錯了路，要記得回頭；愛錯了人，要懂得放手。

有些人，只是和我們一起走過一段路而已，何必把懷念弄的比人生還長。

人心都是相對的，以真換真；感情都是相互的，用心暖心。看似無情是有情，看似有情是無情，凡事皆在念頭，剎那即永恆，放了也就放了。

015

人品，才是真正的最高學歷。

人品和能力，如同左手和右手。
單有能力，沒有人品，人將殘缺不全。
人品決定態度，態度決定行為，行為決定著最後的結果。
人品的意義深遠，沒有人會願意重用一個品行欠佳的員工。
好的品格，才是成功的根基，才是真正的最高學歷。

016

追求錯誤的東西，是用生命解決自己製造的麻煩。

人生的浪費，是虛度的光陰，是錯誤的執念，是不必要的猶豫，是機械性的反復，是盲目地停滯不前，是不敢接受既定的現狀。放下不必要的追求，也就放了自己。

017

不要把暖暖的關心，變成冷冷的寒心；不要把一直的给予，放下置之不理。

交人，要交真心；知情，要知感恩。

有情有義的，才夠朋友；不離不棄的，才算愛人。

好朋友，不一定手牽手，但一定心裡有。

真感情，不一定時時見，但一定天天念。

對你好的人，不在乎回報，只在乎你知道不知道。

關愛你的心，不奢望你感激，只希望你能珍惜。

018

心簡單，看外在也簡單；心裡想得多，看外在也很複雜。

我們總是容易去聯想不好的東西，那麼，這樣一直薰習的是一些負面的、煩惱的種子，心裡自然而然就出毛病。要多看好的一面，多讚歎，多隨喜。這樣我們的心，就會一直增長光明。

019

時常快樂的人，才有能力去愛。

時常憂愁、抱怨、生氣的人，這種人並不懂得愛自己，只會時常把不安等負面情緒垃圾傾倒給別人，而與我們越親密的人，越是倒楣，因為他們往往接受我們最多的情緒垃圾。

世界上沒有一種幸福，是沒有快樂的幸福。

只有時常快樂的人，才是懂得愛自己的人，才能帶給別人快樂，才有能力去愛。

020

當一個人忽略你時，不要傷心，每個人都有自己的生活，誰都不可能一直陪你。

最尷尬的莫過於高估自己在別人心裡的位子。

努力了，珍惜了，問心無愧。

其它的，交給命運。

人和人之間就是一份情，一份緣，你珍惜我，我會加倍奉還，你不在意，我又何必去珍惜。

021

水滴石穿，不是水的力量，而是重複的力量，堅持的结果。

再遠的路，走著走著也就近了。
再疏的人，交往交往也就親了。
再高的山，爬著爬著也就平了。
再難的事，做著做著也就順了。
每次重複的能量，不是相加，而是相乘。
水滴石穿，不是水的力量，而是重複的力量，堅持的結果。

022

今日不養生，明日養醫生。

養生其實是一種生活態度，是一種與環境相融的生命狀態。

養生關鍵在於養心。

調整心的平衡，物慾執中。

與天地合德，萬物同體，才能陰平陽秘，得以健康長壽！

023

事事不能太精，太精無路，待人不能太苛，太苛無友。

吃些虧又何妨，讓他三分又如何。

人人都需要被尊重，人人都渴望被理解。

懂得退讓，方顯大氣，知道包容，方顯大度。學會淡下性子，學會忍住怒氣，面對不滿忍耐，不是懦弱，而是寬容；退讓不是無能，而是大度。

024

愛是相吸，不是追逐；情是相互，不分高低。

人生，沒有回頭路；感情，無法刪除重啟。

人心貴在真誠，感情重在矜持。

愛要真心，也要互動；情要珍惜，更要隨緣。

情，無法重啟，好好珍惜。

緣，不能倒帶，敬請抓住。

感情，善待才能繼續；緣分，呵護才有以後！

025

衝動來自於激情，平靜來自於修行。

別讓外界浮躁了自己。
外境好壞並不是苦樂的根源，真正的根源是我們的心。
修行，就是藉完善自己抵達幸福，借寬容別人淡化痛苦。
想開了、看透了就能慢慢放下。
放下了貪念、看淡了得失，才能品嚐真正的幸福。

026

你給生活意境，生活才能給你風景。

你風聲鶴唳，生活也只好四面楚歌。
低調慎言，顧自己，做自己，掌握自己命裡乾坤。
你給生活意境，生活才能給你風景。

027

不以物喜，不以己悲。

心中沒有過分的貪求，自然苦就少。
思緒中沒有過分欲，自然憂就少。
大悲是無淚的，同樣大悟無言。
緣來儘量要惜，緣盡就放。
人生本來就空，對自己笑笑，看日出日落，花謝花開，豈不自在，哪裡來的塵埃！

028

永遠別忘曾經給你撐過傘的人！

做人永遠別忘了，當初帶你出道，給你機會的那個人。沒有他的指引，大門在哪裡你都不知道。

即使有一天他做的不對你心，也不要說對方的不好，因為他是你的恩師，他給你機會賺錢養家，他在你舉目四望，茫然不知所措時帶領過你。

如果忘了當初的初心，麻煩自己努力找回來。

029

為自己努力，世界會給你驚喜。

一件事，你做得再好，也會有人指指點點；一件事，即便你做到一塌糊塗，亦也能聽到讚歌，不必糾結於外界的評判，不必掉進他人的眼神。

每一滴辛勤的汗水，必會開出一朵美麗的鮮花，或早或晚而已。

每一個堅實的腳印，必能疊出一截人生的高度，或長或短而已。

懷一顆感恩的心，為自己努力，世界會給你驚喜。

030

人生就像一口大鍋，當你走到了鍋底時，無論朝哪個方向走，都是向上的。

最困難的時刻，也許就是拐點的開始。轉變一下思維方式，就可能迎來轉機。

不要相信定局，只是在複雜中還沒有找到更合適的解決方法。

樂觀豁達的人，能把平凡的生活變得富有情趣，能把苦難的日子變得甜美珍貴，能把繁瑣的事情變得簡單可行，你平常心看世界，花開花謝都是風景。

活著就有希望，不要輕言放棄。

031

壞心情，是爭出來的；好心情，是讓出來的。

心情是一條河，它的狀態取決於它的深度。深水沉靜，淺水喧嘩。
心量太小，小石頭也能激起心情的浪花。
心量大了，才能容得下暗藏的礁石。
心若計較，再少的利益也有爭處。
心若放開，再大的好處也有讓的餘地。
想開，看淡，自然微笑。

032
煩惱天天有，不撿自然無。

懷善心，做善事，一生無愧。
懷平常心，做平常事，日夜安寧。
不忘人恩，不念人過，不思人非，不計人怨。
心寬一分雲消霧散，讓人一步晴空萬里。
有緣相逢共一笑，從此再不論古人。
相逢一笑是養心第一良藥，愁上眉梢即自殺第一鋼刀。
煩惱天天有，不撿自然無。

033

所謂的能耐，就是既有能力又能忍耐。

能力是鍛鍊出來的，忍耐是磨煉出來的。

能力與忍耐相輔相成，沒有能力的忍耐是一種懦弱，沒有忍耐的能力是一種危險。

沒有能力的人做不了事，沒有忍耐的人成不了事。

種下能力，不一定會結果；種下忍耐，常常會有意外收穫。

034

人生的路坎坷，若是有人相伴就不那麼苦；歲月的腳步匆忙，若是有情守候就不那麼難。

人的一生總有為所謂，才會有所值。

房子再小，有一盞燈等候就是欣慰。

生活再苦，有一個人共齊眉就是動力。

愛人無需多美，只要待你很真。

感情無需浪漫，只要有話可說。

一口鍋，兩雙筷；一間房，兩顆心。

相伴，要的就是一份不離；共老，要的就是一份不棄。

035

好好珍惜願意包容你的人。

你的好對別人來說就是一顆糖，吃了就沒了。
而你的壞就像一道疤痕，一旦留下了，就會永遠存在了。
生活給了我們很多的考驗，我們更要學會接受和包容！
如果有那麼一個人，因為你的一點好，就原諒了你所有的不好，
請好好珍惜吧！
因為大多數人，只會因為你的一點不好，而忘記你所有的好。

036

行動，堅持，才能決定你的價值。

時間並不會真的幫我們解決什麼問題，它只是把原來怎麼也想不通的問題，變得不再重要了！

不要在該奮鬥的年紀選擇去偷懶，只有度過了一段連自己都被感動了的日子，才會變成那個最好的自己！

人生，沒有下一次，更沒有機會再重來。

只有行動賦予的生命力量，才會讓夢想開花。

037

學會放下，失即是得。

失去是一種痛苦，也是一種幸福。

因為只有失去，空下的雙手，才能拾起新的幸福。

放自己一馬，也放別人一馬。

生命的路很長、很寬敞，不要浪費在鑽牛角尖上。

塞翁失馬，焉知非福。

認認真真地活在當下，自然發覺生活也並不是那難捱。

學會放下，失即是得。用樂觀的心態，品嚐生活滋味。

038

心靈的寬度，不是你認識多少人，而是你包容多少人。

做人如山，望萬物，而容萬物。
做人似水，能進退，而知進退。
肯吃虧的人，最終吃不了虧，遲早都會返回。
肯認輸的人，最終輸不掉自尊，一定會贏得人心。

039

人生，就是不斷的選擇。

把人生當旅程的人，遇到的永遠是風景，淡而遠。
把人生當戰場的人，遇到的永遠是爭鬥，激而烈。
人生就是這樣，選擇什麼你就會遇到什麼，沒有對錯之分，只有承受與否。
學會放下令自己不悅的事，學會放手令自己卑微的人。只要還有明天，今天永遠都是起點。

040

人心只有向善，才能夠被陽光照耀。

人生在世，誰都有可能遭遇危難和困境，誰都有可能成為弱者，如果我們在別人危急時不援手，誰能擔保自己不會吞咽孤立無援的苦果？

相愛，不要只在言語和舌頭上，總要在行為和誠實上。

041

人生有尺、做人有度，我們掌控不了命運，卻能掌控自己。

不求生命輝煌，但求無悔人生。在所欲面前，我們缺少的是一份低頭看的淡泊和從容。

低頭看，並不意味著信念的不堅定和放棄，只是讓我們擁有更多的選擇和迴旋的餘地。

快樂，是一種境界。

幸福，是一種追求。

042

心小了小事就大了，心大了大事就小了。

看淡時間滄桑，內心安然無恙。

大其心，容天下之物，虛其心，愛天下之善。

道德可以彌補智慧的缺陷，但智慧永遠彌補不了道德上的缺陷。

人的兩種力量最有魅力：一種是人格，一種是思想。

品行是一個人的內涵，名譽是一個人的外貌。

做人，德為先；待人，誠為先。

043

考慮一千次，不如去做一次。

猶豫一萬次，不如實踐一次；考慮一千次，不如去做一次。

你無需告訴每個人，那一個個艱難的日子，是如何熬過來的，大多數人都看你飛得高不高，很少人在意你飛得累不累。

所以，做該做的事，走該走的路，不退縮。

華麗的跌倒，勝過無謂的徘徊。

嘗試過後你會發現，成功並不是那麼難。

做中學，學中覺，做就對了。

044

要走屬於自己的路，就必須跨過一道門。

很多人總認為自己無路可走，是因為找不到能夠上路的門。

其實這道門無時不在，就是你的心門，打開心門，路一直都在。

自己的心門，只有自己能打開。

心門連著你的路，路連著外面的世界。

無時無刻尋找跨越心門的最好時機。一旦時機成熟，請毫不猶豫地上路。

045

世界上有一種生意永遠虧本，就是發脾氣。

人家侮辱你，你要當作是培福。
人家傷害你，你要當作是他來成就你。
你受盡委屈，記得：你是有福報的人，不要抗拒。
心好嘴不好，榮華富貴全沒了。
什麼都不能忍耐，你的成就就有限。
世界上有一種生意永遠虧本，就是發脾氣。
脾氣來，福氣沒，戒口用忍。

046

為尊嚴拼搏，為夢想啟航。

人生所有的問題，都靠成功來解決。
人生所有的成功，都靠成長來解決。
人生所有的成長，都靠學習來解決。
人生所有的學習，都靠自己來解決。
花開不是為了花落，是為了綻放！
生命不是為了活著，是為了活得精彩，活得有價值有尊嚴！
為尊嚴拼搏，為夢想啟航！

047

人生中，觀眾向來比朋友多。

膚淺的人，交的是觀眾；上進的人，交的是朋友。

真正的朋友，不是只給你掌聲和讚美，更多的是建議。

真正的朋友或許不會說漂亮話，但卻會說真心話。

真正的朋友不只是錦上添花，更多是雪中送炭。

朋友，需要的不是數量，而是品質，與有品味，人品好的人相處才能提高自己。

日子久了，與你無緣的自會走遠，與你有緣的自會留下。

048

要做一個什麼樣的人，決定權在自己。

能幹的人，選擇改變；懶惰的人，選擇適應。
懦弱的人，選擇迴避；勇敢的人，選擇放手。
要做一個什麼樣的人，決定權在自己。
要過什麼樣的生活，決定權也在自己。
透過「批評」的眼睛看，世界充滿了有缺陷過失的人。
透過「傲慢」的眼睛看，這世界充滿了低賤愚癡的人。
透過「智慧」的眼睛看，你會發現原來每一個人，都有值得你尊重及學習的地方。

049 無欲則剛，不求自來。

人的心真沉靜下來的時候。只有能夠真正做到心平氣和，才會叫每一個平淡的日子慢慢地生動起來，才會頭腦清醒地去審視自己，才會把一些名利得失看成過眼雲煙，才會去做自己想做也能做的事情。

真正的快樂是無求的，到無求處便無憂。你無所求，這才是真正的快樂，真正自性的穩定、平安。

050

如果你不能飛，那就跑；如果跑不動，那就走；實在走不動了，那就爬。

有人安於現狀，有人哀歎貧窮，也有人在使勁折騰中，一步一步實現了自己的目標。

無論做什麼，你都要勇往直前。

無論有多難，你都要多堅持一下。

不然，你永遠都是——「做夢君」！

051

心裡有陽光，雨天也是一種浪漫；心裡下著雨，晴天也是一種陰霾。

大雨過後，有兩種人，一種人抬頭看天，看到的是蔚藍與美麗；一種人低頭看地，看到的是淤泥與絕望。

心裡有陽光，雨天也是一種浪漫。

心裡下著雨，晴天也是一種陰霾。

相同的環境，不同的人生態度。

心中美好，一切美好！

擁有強大的內心，就會不再被生活所左右！

052

一切因緣而起，因念而生。

執著於某一事或某一物，就會患得患失，煩惱也接踵而至；如能看開一切，心無掛礙，就會無所畏懼。

人生往往是怕什麼來什麼，當你看淡得失、無謂成敗的時候，反倒順風順水、遇難成祥。人生最寶貴的，就是有一顆平常心，遠離混濁，平靜如水。人活在當下，一生也就這麼一回。

一路上不管怎麼走，我們都會際遇很多人和事，不管過去怎樣，都是過眼雲煙，只有快樂幸福地生活，才是對曾經最好的交代。

053

把工作當作生活和藝術，就會享受到工作的樂趣。

與其把工作當負擔，生氣埋怨，不如積極快樂的去面對，人活著一天，就是有福氣，就應該珍惜，人生短短幾十年，不要給自己留下更多的遺憾。

日出東海落西山，愁也一天，喜也一天。

遇事不鑽牛角尖，人也舒坦，心也舒坦。

054

很難給生命增加時間，但可給時間增加生命。

人生步入老年，是可遇不可求的福氣。
這個福，是自然自在的衰老過程和形式。
人生苦短，半百是短，百歲還是短。
人生來去，不過是幸運和遺憾的往復，不外是美好和煩惱的轉換。
很難給生命增加時間，但可給時間增加生命。

055

心若不複雜，人生也簡單。

世界複雜麼？其實遠比你想的簡單得多。所謂的「複雜」，只不過是幻像對你的矇騙。不必強求許多東西，把一切都看得淡然，也不必計較別人如何評斷，不用在乎自己會不會一無所有，只專注於自己篤信的方向，並且把這種淡然與堅定滲透到生命當中，如此，則成為自己心靈的主人，不再被這個紛紛擾擾的世界牽著走，也不再被自己生生滅滅的念頭迷惑。

056

懂，是心靈的一種呵護，懂，是生命的一種溫度。

距離的遠近，妨礙不了心與心的對語，阻隔不了魂與魂的相吸。
穿越時空的心音，總是讓人悸動。
流在眼角的熱淚，總是讓人心疼。
因為有人懂，情懷可以訴說，痛苦可以解脫。
因為有人懂，孤單時有人相陪，無助時有人安慰。
懂，是世界上最溫情的語言。簡短的話語，卻包含了萬千。

057

有人讓你哭了，一定會有人讓你笑。

老天不給你困難，你又如何看透人心？
老天不給你失敗，你又如何發現身邊的人是真是假？
老天不給你孤獨，你又如何反思自省？
老天不給你生命中配上君子和小人，你又如何懂得提高智商？
老天對我們每個人都是公平的，有人讓你哭了，一定有人讓你笑。
感謝老天磨練你，成就將來更優秀的你。

058

心態決定一切。

你的心態，會支撐你一路的發展。
你的眼界，會決定你選擇的方向。
你的格局，意味著你成就多大的規模。
你的毅力，會支持著你走多遠的路。
不抱怨，不嘲笑，不羨慕。
有好的心態，才能找到最好的自己！

059

適當的表達感覺，找到情緒的出口。

生氣，憤怒，在我們的生命中，都曾經發生過。

但當我們面臨這些情緒時，我們的反應是什麼呢？

有時候我們忘了生氣，或是不敢生氣，只能悶在心裡。

沒有經過表達的情緒，會累積在身體裡，形成毒素與腫瘤。

沒有經過處理就表達的情緒，也會傷人，造成難以彌補的結果。

學著適當的表達感覺，找到情緒的出口。

060

鞋子，一定要合腳，因為日子很長，還有很遠的路要走。

杯子，一定要完整的，水流走了，就永遠不會回頭。

鞋子，一定要合腳，因為日子很長，還有很遠的路要走。

朋友，一定要知心，因為孤獨的心，需要溫暖的默契和依靠。

戀人，一定要喜歡的，因為那是，錯過就不會再有的風花雪月。

愛人，一定要適合的，因為那是一輩子相互扶持的柴米油鹽。

身體，一定要健康的，因為它是一切幸福與快樂的基礎。

061

朋友幫你是善事，是道義，不幫你也無可厚非，不該心懷怨尤。

不要奢望別人給你經濟上的任何幫助。錢對任何人都是不夠用的。

朋友幫你是善事，是道義，不幫你也無可厚非，不該心懷怨尤，人家不欠你的！

要知道沒有人有義務要幫你，請學著獨立、堅強、給予、理解。

062

智取捨得，一捨便得。

果斷捨棄掉我們不想要的、不喜歡的。
讓生活變得簡單、純粹，把精力用來做更重要的事。
放棄一些機會，不是因為不上進，而是為了享受當下的生活。

063

善心猶如春雨，默默地滋潤身體，愛就像春風，能吹散七情的烏雲。

寬恕是一味良藥，你在寬恕別人的同時，也就敞開了自己的心靈。

憤怒、怨恨和恐懼就會悄悄溜走。

人一善良，心就寧靜。

人生如寄，我們的生命是借來的，遲早要還回去。

感恩是人的本性，人一旦懂得感恩，心就會平和下來。

善心猶如春雨，默默地滋潤身體。

愛就像春風，能吹散七情的烏雲。

064

用進取心去做對的事。

這件事情我可不可以做呢？

如果有不好的後果怎麼辦呢？

事情還沒做，就先被自己嚇退好幾步。

這些不確定、不敢嘗試的心態，不只阻礙我們前進，也限制我們的潛能。

一個不自我設限，勇於挑戰，大膽、主動、積極、進取的表白自己，或者去做某件值得一做的事情，通常也是距離成功最近的人。

065

人生的放下是為了更好的拿起。

放下小我，拿起大我；放下狹隘，拿起開闊。
放下個人的小成就，拿起活在這個世上的大承擔。
沒有真正的放下，就沒有真正的拿起。
放下是一種全新的擁有，人生總要在拿起與放下之間成長、歷練，
才能更有機會選擇充滿希望的明天。
從得失間，找到點，撐起明天。

066

愛，因相互付出，才能天長地久。

人，因相互說明，才能加深友誼。
情，因相互滋潤，才能浸人心肺。
事，因相互努力，才能簡單易成。
友，因相互惦念，才能分外親切。
路，因相互行走，才能風景如畫。
家，因相互體貼，才能和諧美滿。
愛，因相互付出，才能天長地久。

067

每個人心中都有一個夢，自己不去實現，沒人替你綻放。

每個人心中都有一片海，自己不揚帆，沒人幫你啟航，久了就是一片死海。

每個人心中都有一個夢，自己不去實現，沒人替你綻放，久了心中就沒了寄託。

人生沒有不成功的事，只有不成功的人。

沒有走不通的路，只有想不通的人。

068

順人生沉浮，如一盞茶水。苦亦如茶，香亦如茶。

人生這盞清茶，經過了滾熱的水的澆灌，才能散發幽幽的芬芳。

當愁緒滿懷無處消遣時，一杯清茶，一個獨處的角落，一段靜謐的時光，是最好的消愁良藥。

茶香中，讓時光慢下來，讓心靜下來。

讓痛苦和憂愁隨杯中的茶水漸淺。

執於一念，將受困於一念，一念放下，自在於心。

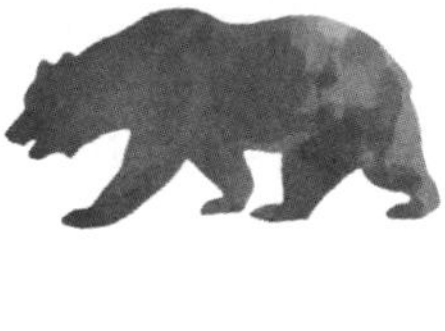

069

眼裡的世界，從來只是表象；心靈的聲音，才是生命的真諦。

一片落葉，是衰敗的跡象，還是重生的徵兆，取決於心的方向。心存美好，判斷人事的標準就會偏向美好。內心的安寧才是真正的安寧，它更乾淨、更純粹、更飽滿，更接近那個叫靈魂的地方。

070

不要從別人嘴裡聽說，要自己去感受和思考。

一串葡萄，有人說它酸，有人說它甜，我毫不猶豫的摘顆往嘴裡一扔……酸的？甜的？不嘗嘗怎麼會知道！

大膽去追求美好的生活！不要輕易被別人的思想左右了自己！任何事情都一樣，不要從別人嘴裡聽說，而是要自己去感受和思考，不要讓別人主宰了你的人生！

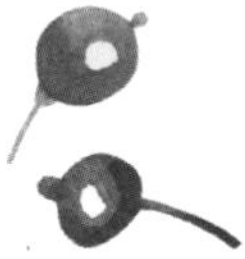

071 裝傻，裝瞎，才是真愛。

好伴侶，永遠都在相互裝傻，裝瞎。

愛就別為難對方，別挑剔對方，別指責對方，傻傻地一路相伴。

傻，是因為已經決定了，認定了，就沒有什麼需要再了解、再知道，再改進，再完善的。

有進步，接受，沒有，也接受。

愛，就在那裡。

072

最初，我們揣著糊塗裝明白；後來，我們揣著明白裝糊塗。

年輕的時候，連多愁善感都要渲染的驚天動地。
成熟後卻學會，越痛，越不動聲色。越苦，越保持沉默。
曾經發脾氣，三天三夜哄不好；如今生個氣，轉眼就覺得沒必要。
時間漸漸磨去了年少輕狂，也漸漸沉澱了冷暖自知。
最初，我們揣著糊塗裝明白；後來，我們揣著明白裝糊塗。
看穿不說穿，這就是成長。

073

家人，永遠是最溫暖的存在。

不要認為自己無足輕重。
對於你的父母、家人來說，你就是他們生活的全部。
一定要把你最快樂、最樂觀的一面留給他們看。
因為，只有你快樂，他們的生活才有意義。

074

再熟悉的路，若不行走，也會陌生。

好多熟悉的人，你不去呵護，慢慢就淡了。許多熟悉的事，你不去回味，漸漸就忘了。不是說彼此的心變了，也不是說不再當對方是朋友，只是，遠在天涯，喜怒哀樂不能共享。

歲月的風，不僅吹淡你我心中的情，也能冷卻你我心中的義。時光的手，不僅能模糊你眼中的我，也能淡化我心中的你。再熟悉的路，你若不行走，也會陌生，這就是人生。

075

有些東西，當你永遠失去時，方知珍貴無比。

年輕時，不懂得；中年時，捨不得。

人生苦短，要來的阻擋不了，要去的挽留不住。

得失之間，只要你耕耘過，播種過，澆灌過，收穫多少不是成敗的唯一標準，重要的是藏在細枝末節裡那種，使你痛、使你恨、使你愛、使你終身難忘的一次次痛心疾首、刻骨銘心的經歷。

076

不要以自己的標準來要求別人，也不要戴著有色眼鏡看人。

每個人都有自己的喜好和個性以及價值。
你看不慣的事情，並不一定就是不好。
幸福的理解有千萬種，每人的詮釋也不同，人生最大的幸福就是可以做自己。
相信自己，跟隨自己的心靈和直覺，不盲從信條，不盲目攀比，你就是最幸福的。
金無赤足，人無完人，因為不完美，我們才最真實。

077

謝謝自己，有我真好。

用心做好自己。
讓看不起你的人高攀不起，讓看得起你的人更喜歡你！
我的心情我做主：想笑就笑，想哭就哭。
我的人生我掌握：願說才說，願做才做。
一生都不妄聽閒言，用眼去看，用心去感受。
永遠都要活給自己看，笑容要特別燦爛，別在乎別人的指指點點。
來，一起說：「謝謝自己，有我真好。」

078

只要心中有岸，就會有渡口，就會有船隻，就會有明天。

一個人，能抓住希望的只有自己，能放棄希望也只有自己。學會堅強地活著，並且奮鬥，生命才能罩上一圈光環，因而使人偉大。

跌倒了，失去了，不要緊，爬起來繼續風雨兼程，且歌且行。擦亮你的眼睛，別讓迷茫蠱惑了自己。

只要心中有岸，就會有渡口，就會有船隻，就會有明天。

079

即使在最黑暗的時刻，幸福也是有跡可循的，只要記得把燈打開。

今天做別人不願做的事，明天才能做別人做不到的事。

渺小的量數因積累而變充實，平凡腳步因踏實前行變得穩定。

即使在最黑暗的時刻，幸福也是有跡可循的，只要記得把燈打開。

你需要做的是記得為自己點亮一盞燈，然後面對幸福，邁步前進。

080

當一個人願意付出和擔當的時候，就是成長的開始。

當一個人願意付出和擔當的時候，是成長的開始。
當一個人能跳出事件，客觀分析和處理問題時，是成熟的開始。
當一個人能遷善和控制好自己的情緒時，是邁向卓越的開始。
當一個人學會照鏡子，向內看能夠反思自己時，是進步的開始。
當一個人能學會感恩生命所給予的一切時，是邁向幸福的開始！

081

幸福，是用一種寬鬆的態度，去面對生活的歡喜與悲哀。

所有的惱羞成怒，其實是已經敗給了生活。

用自己最寶貴的自尊，換取了最廉價的困惑。

這是多麼愚蠢的事。

既然真正愛著生活，生活又不是一潭死水，多一些艱難又算什麼。

幸福，是用一種寬鬆的態度，去面對生活的歡喜與悲哀。

082

一個人可以不成功，但不可以不成長。

凡事找方法去解者，必定是成功者。

凡事找藉口推脫者，註定失敗。

成功最重要是作對選擇，堅持到底，做就對了。

一個人可以不成功，但不可以不成長。

083

你的經歷就是你的資本，你的性格就是你的命運。

複雜的事情簡單做，你就是專家。
簡單的事情重複做，你就是行家。
重複的事情用心做，你就是贏家。
美好是屬於自信者，機會是屬於開拓者，奇蹟是屬於執著者！
你若不想做，總會找到藉口；你若想做好，總會找到方法！

084

夢想不是浮躁，而是沉澱和積累。

當你的才華還撐不起你的野心時，就應該靜下心來學習。
當你的能力還駕馭不了你的目標時，就應該沉下心來歷練。
夢想不是浮躁，而是沉澱和積累。
只有拼出來的美麗，沒有等出來的輝煌。
機會永遠是留給最渴望的那個人，學會與內心深處的你對話，問問自己想要怎樣的人生。

085

我們一直都在做別人眼中所喜歡的自己。

有多少人能真正能做自己？
我們一直都在做別人眼中所喜歡的自己。
當我們無法達到別人的期望時，我們覺得挫折、失望。
但反過來想，就算真的達到了別人的期望，我們就會快樂嗎？
那真的是我們所需要的嗎？
人生是你自己的，路也是你自己在走的，人生就這麼一次。
你想要過怎麼樣的生活，一切都是取決於自己的心。

086

人生就像下餃子，一生中不蹚一次渾水就不算成熟。

歲月是皮，經歷是餡，酸甜苦辣皆為滋味，毅力和信心正是餃子皮上的褶皺。

人生中難免被狠狠捏一下，被開水燙一下，被開水煮一下，被人咬一下，倘若沒有經歷，硬裝成熟，總會有露餡的時候。

所有的經歷都是財富！

087

先知先覺發明者，後知後覺跟隨者，不知不覺消費者。

魚群來時沒撒網，非要看得清清楚楚才出手，魚早跑光了。當機會來時，非要全部弄懂，全清楚了，把自己當成教授，當成專家來研究，等你全會了才出手，機會早就成了別人的故事。智慧的人重在於把握時機。再看看，再研究，再想想，再討論……機會就沒了。

088

上善若水，從善如流；如水人生，隨緣從眾。

做人如水，你高，我便退去，絕不淹沒你的優點。
做人如水，你低，我便湧來，絕不暴露你的缺陷。
做人如水，你動，我便隨行，絕不撇下你的孤單。
做人如水，你熱，我便沸騰，絕不妨礙你的熱情。
做人如水，你冷，我便凝固，絕不漠視的寒冷。
上善若水，從善如流；如水人生，隨緣從眾。

089

愛出者愛返，福往者福來。

人性的弱點，就是常常看到別人的缺點，卻看不到自己不足；然而，世間萬物都是相互的，給人多少，人會回敬你多少。
若想被人尊重，先去尊重別人；若想被人理解，先去理解別人。
若想被人寬容，先去寬容別人；若想被人欣賞，先去欣賞別人。
人都是相互的，愛出者愛返，福往者福來。

090

控制好心情，生活才會處處祥和。

任何事情，總有答案。與其煩惱，不如順其自然。

真正的朋友，難找、難捨、亦難忘。

這個世界，對著你笑的人太多太多。真心包容你的，太少太少。

無論現實多麼喧囂，在內心總有一片自留地，那裡生長著美好。

只有變得更好更完美，你才有資格影響別人。

091

手不是用來打人的，而是用來擁抱你所愛的人。

不後悔，莫過於做好三件事：一是知道如何選擇；二是明白如何堅持；三是懂得如何珍惜。

手不是用來打人的，而是用來擁抱你所愛的人；腳不是用來踢人的，是用來向理想的目標邁進的。

無論現實多麼喧囂，在內心總有一片自留地，那裡生長著美好。

生活不是一場賽跑，而是一次旅行，要懂得好好欣賞沿途的風景。

092

真正內心強大的人是極其柔軟的。

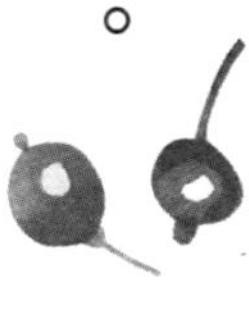

一個內心不夠自信和強大的人，往往需要靠發脾氣來提高自己的氣場，這是一種自卑的潛在表現。

真正內心強大的人是極其柔軟的。

高人似水，善利萬物而不爭。

掌控情緒可掌控未來！

情緒的控制，是修養的展現。

093

不管世界多麼擁擠，都要讓心自由跳動。

不管世界多麼擁擠，都要讓心自由跳動。

因為生命的每一瞬間，都存於心，貯於憶。

那些擁有，那些給予，那些珍貴的收藏，都會擁於懷，融於情，長眠於心。一些人，一些情，一些事，都裝在心裡，會累，會擠，懂得卸載，給心一個空間，讓心得以喘息，讓陽光給以沐浴。

094

大智慧大智若愚，大才華樸實無華。

真正有大智慧和大才華的人，必定是低調的。才華和智慧像懸在精神深處的明月，早已照徹了他們的心性。他們行走在塵世間，眼神是慈祥的，臉色是和藹的，腰身是謙恭的，心底是平和的，靈魂是寧靜的。

正所謂，大智慧大智若愚，大才華樸實無華。

095

小鳥，從不懷疑腳下的樹枝會突然斷裂，因為牠相信自己的翅膀跟眼光。

懷疑一切，就是不相信自己。問題越多的人，質疑越多的人，成功的機率就越小，合作的機會就越少。小鳥，從不懷疑腳下的樹枝會突然斷裂，因為牠相信自己的翅膀，更相信自己的眼光！

096

內心強大的人，思想豐富的人，他的內心就是一個完美的世界。

一個人內心的豐富，足以彌補一些物質的匱乏。內心強大的人，就是真正有思想的人。而真正有思想的人，也必然是內心強大的人。

097

這世上多的是撒鹽的人，而不是醫生。

除了你自己，沒有人會明白你的故事裡有過多少快樂或傷悲。這世上根本不存在感同身受，所以別傻傻的攤開傷口向別人訴苦。這世上多的是撒鹽的人，而不是醫生。

慢慢的，慢慢的總要變成形單影隻，我們各懷心事，誰也安慰不了誰，誰也救贖不了誰，終究是要長大，最漆黑的那段路終究要獨自一人走完。

098

人，要有一顆乾淨的心。

無論相貌，無論著裝，心的通透是最美的；不分貧富，不分高低，心的善良是最貴的。

身處俗世，卻不被俗世所染；笑在臉上，笑也在心上。對人幾分真，便會換取幾分心；用情幾多誠，就會收穫幾多永恆。眼睛純淨，才能看見美麗的風景；心靈乾淨，才能擁有純粹的感情。

099

微笑吧，世上除了生死，都是小事。

不管遇到了什麼煩心事，都不要自己為難自己。無論今天發生多麼糟糕的事，都不應該感到悲傷。今天是你往後日子裡最年輕的一天了，因為有明天，今天永遠只是起跑線。

微笑吧，世上除了生死，都是小事。

100

扎扎實實地做好人，誠誠懇懇地對別人。

很多時候，可能你只是下意識地做了某事，自己完全沒在意，但別人看在眼裡，就感知到了你的為人，進而決定了對你的態度，是依賴還是防備，是欣賞還是反感，是信任還是懷疑，是有求必應還是避之不及。

所以，若想攢人品，還是要扎扎實實地做好人，誠誠懇懇地對別人，在一點一滴的相處中，讓人感受到你的善良、正直、寬容、誠信。

101

美麗的外表也許會打動別人，但真誠的內心更能感動別人。

無論遇見任何人，真誠對待才能走進別人心裡。美麗的外表也許會打動別人，但真誠的內心更能感動別人。一個人擁有財富和他的善良成正比，越簡單，越富有。小聰明只能過一時，大智慧才能活一世。

102

不抱怨，不解釋。

誰不是一邊受傷，一邊學會堅強。

忘掉所有那些「不可能」的藉口，去堅持那一個「可能」的理由。

要生活得漂亮，需要付出極大忍耐：一不抱怨，二不解釋。

103

我們皆有溫暖的心靈，盡自己所能，溫暖這個世界。

溫暖是黑夜中的一盞指路明燈，讓迷失了方向的人們走向光明。溫暖是寒冬雪地裡的一個火堆，讓寒冷的人們感到撲面的熱浪。溫暖是戈壁或沙漠中稀有的水，讓艱難跋涉的旅行者感到甘甜。我們皆有溫暖的心靈，同時喜歡溫暖的感覺。盡自己所能，讓更多的人擁有溫暖的幸福，讓天地之間充盈溫暖的氣息，溫暖這個世界。

104

人生，空手而來，必然空手而歸。

我們都是時間的過客。

人生，空手而來，必然空手而歸。

在你我的時間盡頭，一切都將化成雲煙。

因此，在擁有時，要好好珍惜；失去之後，要捨得放開。

失去之後還緊追不捨，最終追回來的只有無盡的落寞和悲傷。

能擁有的即使再不堪，也比會失去的強，只有懂得珍惜，捨得放手的人，才能邂逅越來越好的擁有。

105

永遠不要丟掉別人對你的信任。

人的一輩子，其實最開心的不是賺了多少錢，而是賺到了多少陌生人的信任，久而久之成為朋友，並且一直信任你，支援你，選擇你，這是用錢都買不到的人格魅力。

永遠不要丟掉別人對你的信任，因為別人信任你，是你在別人心目中存在的價值。失信是人生最大的破產。

永遠相信：誠信可贏天下，守信方得人心。

106

人放鬆，心放平，讓生活輕鬆，讓生命豐厚。

讓生命豐厚，絢爛的花朵，成熟的身心，來自多年的磨礪，人放鬆，心放平，讓生活輕鬆，讓生命豐厚，其實，人活著不就是一種情懷，活著要的就是一種心態。

願所有人都保留一顆勇敢的真心，成為最終那個勝利的人。

然後，一切付出都得到補償，一切美好都值得期待。

你只欠自己一個幸福的模樣！

107

不是所有的事情都需要說清楚。

不是所有的事情都需要說清楚。
然而比說清楚更重要的，是能承擔，能行動，能化解，能扭轉，能改變，能想自己，更能想別人，顧全大局，這就是法。
這不僅是一種境界，更是一種大智慧。

108

嘴巴是別人的，但人生卻是自己的。

不要只聽別人那些消極、悲觀的話，因為他們只會潑我們的冷水，澆熄我們的毅力。我們要將充滿力量的語言。時時牢記在心裡，因為這將影響我們往後的一生。

嘴巴長在別人嘴上，但人生卻是自己的。

我們要走出屬於自己的道路，開創屬於自己的人生。

109

坐亦禪，行亦禪，緣起即滅，緣生已空。

真正的平靜不是你靜坐可以幾個小時不起，而是用一顆平和的心態看人間萬象，聽花開的聲音。

坐亦禪，行亦禪，緣起即滅，緣生已空。

人生中出現的一切，都無法留下，只能經歷。眼前的，好好珍惜；過去的，坦然接受。

110

當你將信心放在自己身上時，你將永遠充滿力量。

天上最美的是星星，人間最美的是真情。

給人金錢是下策，給人能力是中策，給人觀念是上策。

富就富在不知足，貴就貴在能脫俗。

貧就貧在少見識，賤就賤在沒骨氣。

當你將信心放在自己身上時，你將永遠充滿力量。

111

為自己的情緒負責。

為自己的情緒負責，不是一條輕鬆的道路，但卻是心靈成長的最好選擇。

我們不能改變自己遇到的人和事，但是可以改變自己面對人和事時的態度。

不去浪費時間痛苦抱怨或自憐自艾，就是用正能量，正向思考去行動的開始，先處理情緒才處理對錯，絕不在盛怒下做任何決定或說氣話。

112

與人方便，自己方便。

與人方便，自己方便。在他人最需要的時候輕輕扶一把。為對方著想，替自己打算，人生不可能一塵不染，沒有一點雜質，就像水清則無魚。

我們常常不是輸給了別人，而是壞心情貶低了我們的形象，降低了我們的能力，擾亂了我們的思維，從而輸給了自己。捨得有限，贏得無限。

113
鮮花盛開，蝴蝶自來。

人生最大的喜悅，就是遇見彼此同頻道的那一盞明燈，你點燃我的激情，我點燃你的夢想；你照亮我的前途，我指引你走過黑暗的旅程。

鮮花盛開，蝴蝶自來！其實不是有了人脈才能做許多事情，而是做了很多事情才會有人脈！

114

隨著年齡增長，我們並沒失去朋友，而是懂了誰才是真正的朋友。

人生就是不斷的經歷。

經歷得越多，人生就越精彩。

有一些人活在記憶裡，刻骨銘心。

有一些人活在身邊，卻很遙遠。

隨著年齡增長我們並沒失去朋友，而是我們懂得了誰才是真正的朋友。

115

今日盡力做的雖然辛苦，但未來發生的都是禮物。

你無法決定明天是晴是雨，愛你的人是否還能留在身邊，你此刻的堅持能換來什麼，但你能決定今天有沒有準備好雨傘，有沒有好好對愛你的人以及是否足夠努力，永遠不要只看見前方路途遙遠，而忘了自己堅持多久才走到這裡。

今日盡力做的雖然辛苦，但未來發生的都是禮物！

116

閱讀好的文字，就像和一位高尚的人交流，可以提昇我們生命的品質。

優秀的文字，其實是一種喚醒。每個人的內心，本質都是善良和乾淨的，只是一些遭遇和環境，讓這些美好塵封在心的一隅，並非徹底地遺忘和丟失。

閱讀好的文字，就像和一位高尚的人交流，可以說明我們找回自己，可以打開心結，可以提升我們生活，乃至生命的品質，讓人變得更美麗，更可愛。

117

人人都有苦衷，事事都有無奈。

難與不難己知道，苦與不苦心明瞭。

人人都有苦衷，事事都有無奈。

別眼羨別人的輝煌，別嘲笑別人的不幸，人這一輩子，機遇難同，姻緣各異，幸也好，不幸也罷，都是自己的人生。

盡心做好事情，簡單做好自己，人生就算完整。

118

不管你有多難過，始終要相信，幸福就在不遠處。

每天記得告訴自己要努力，要堅強，即使看不到未來，即使看不到希望，也要依然相信自己。

不管發生什麼，都不要輕易放棄。

不管雨下多久，最終彩虹總會出現。

不管你有多難過，始終要相信，幸福就在不遠處。

堅持住，你定會看見最堅強的自己。

119

懂得珍惜，才配擁有。
知道感恩，才能長久。

平坦的路，是一步一步走出來的。真摯的情，是一點一點換回來的。沒有無緣無故的離開，只因沒被善待。沒有毫無緣由的放手，只因少了關懷。

緣分，不是一個人的挽留，而是兩個人的堅守。真情，不是一顆心單方面的付出，而是兩顆心共同的呵護。

懂得珍惜，才配擁有。知道感恩，才能長久。

120

學最好的別人，做最好的自己。

發現別人優點，並把它轉化為自己的長處，你將成為聰明人。

把握人生機遇，並把它轉化為自己的機遇，你將成為優秀者。

學最好的別人，做最好的自己。

借人之智，成就自己，此乃成功之道。

和不一樣的人在一起，就會有不一樣的人生。

愛情如此，婚姻也如此；家庭如此，事業也如此。

121
若一切可以重來，願把剩餘的每一寸時光，好好珍藏！

不去問，生命的旅程，究竟有多長？
不去想，哪裡才是，最終的歸鄉？
品過人間冷暖，知道世事的蒼涼。
走過風雨，人生會變得更堅強。
歷過雪霜，生命才會在磨難中成長。
嚐過塵世的苦辣酸甜，才能擁有溫暖的陽光。
若一切可以重來，願把剩餘的每一寸時光，好好珍藏！

122

把工作當享受，你就會竭盡全力。

好心情才會有好風景，好眼光才會有好發現。

人可以不美麗，但要健康。

人可以不偉大，但要快樂。

人可以不完美，但要追求。

把工作當享受，你就會竭盡全力。

123

你，容得下世界，世界就能容得下你。

能走多久，靠的不是雙腳，是志向，鴻鵠志在蒼宇；燕雀心系簷下。
能登多高，靠的不是身軀，是意志，強者遇挫越勇，弱者逢敗彌傷。
能做什麼，靠的不是雙手，是智慧，勤勞砥礪品性，思想創造未來。
能看多遠，靠的不是雙眼，是胸懷，你容得下世界，世界就容得下你。

124

善良，是心靈的指南針，讓我們永遠不迷失方向。

在沙漠中，善良，是為自己留下的路標，讓我們找到回家的路。

在人生道路上，善良，是心靈的指南針，讓我們永遠不迷失方向。

不論你傷害誰，就長遠來看，都是傷害到你自己。

或許你現在並沒有覺知，但它一定會繞回來。

凡你對別人所做的，就是對自己做，這是歷來最偉大的教誨。

不管你對別人做了什麼，那個真正接收的人，並不是別人，而是你自己。

善良是最基本的人性特徵，請守好這個底線。

125

地球之所以是圓的，是因為上帝想讓那些迷路的人能夠重新相遇。

地球之所以是圓的，是因為上帝想讓那些迷路的人能夠重新相遇。

人處於弱勢時要懂得隱忍，懂得保存實力。

處於強勢時不要把對方逼上絕路，以免魚死網破。

有時給對手留條退路，也是給自己留條出路。

126

人生總有無法不認輸的時候。

人是否都有賭性？都喜歡贏？

可是，人生總有無法不認輸的時候。

我們浪擲了許多無所悔恨的時光去做自己以為會贏的事、去愛一個我們以為會與之終老的人，結果卻輸得很慘。

我們是多麼沒用的賭徒？直到囊空如洗才肯轉身離去，踏上茫茫的歸途，一邊走一邊對自己說：我並不是一定要贏，我只是不喜歡輸的感覺。

127

世界上有最可怕的二個詞：一個叫認真，一個叫執著。

有一種努力叫被動，那是因為錢的激勵！
有一種拼命叫我願意，那是因為夢想的動力！
人的一生，最終你相信什麼就能成為什麼。
因為世界上有最可怕的二個詞：一個叫認真，一個叫執著。

128

對自己說：昨天不錯，今天很好，明天會更好。

當晚上躺下來的時候，仔細的想想，其實人活著真的不容易，每一天都會發生你想不到的事情，有高興的，有生氣的，有無奈的，有傷心的，有哭笑不得的，有解釋不清的……。

不管是什麼樣的事，都是對你的一種挑戰，當人遇到生死，你會發現其實一切都是過眼雲煙。

人生就是一段磨練的過程，如果沒有這些，你永遠都不會成熟。

129

人順趨勢而行，事半功倍。

一輩子辛苦工作，財富還是離你遙不可及？
那說明你方向錯誤，那就選擇轉變方向。
人順趨勢而行，事半功倍，財富離你不遠。
人逆趨勢而行，事倍功半，白忙靠你而來。
如果你看不懂其內涵？依然過自己生活，無動於衷。
那未來人生肯定白忙一場，遺憾人生。

130

過一種簡簡單單的生活，做一個實實在在的人。

要為自己創造一個快樂的生命，其實很簡單。

你只需要兩種材料：簡單的生活方式，和一顆滿足感恩的心。

過一種簡簡單單的生活，做一個實實在在的人。

131

抱怨無法改變現狀，拼搏才能帶來希望。

我們所有負面情緒的滋生根源在於抱怨，生活中只要有一個人開始抱怨，接下來就很可能是一場「誰更可憐」的比賽。抱怨只是我們在為拒絕改變而尋找理由，選擇抱怨，就等於選擇了逃避生命的拓展、成長與前進。

不抱怨是人生的一種境界，是一種放下挫折和不滿，去尋找和追求新目標的力量。

沒有抱怨，只有努力和拼搏，你的人生會更加美好。

132

跌倒後，能再爬起來繼續前進，那才是真實力。

從來都沒有跌倒的人，那只是幸運，跌倒後，能再爬起來繼續前進，那才是真實力。我們不怕步伐走的慢，只怕在原地踏步。我們不怕老，只怕一顆舊掉的心，不再進步！

人生這條路上，有些人注定是風景，只會停留在原地，有些人注定會與你一同欣賞風景到最後。

133

你付出了多少，就會收穫多少。

我不羨慕別人的收入，因為我知道他日日夜夜的艱辛。也不羨慕別人說走就走的自由，我知道他為這份自由付出的代價。一切都有代價，無論是財富，事業，還是自由。所以不必羨慕，生活不在別處，而在於你付出了多少，就會收穫多少。

134

人往往是缺少什麼，就在乎什麼。

人往往是缺少什麼，就在乎什麼。

生活簡單，聚焦。

需要真不多，往往是我們想太多，綁住了自己。

多看你有的，少看你沒有的，知足感恩就幸福了。

135

任何人都不可能只擁有成功，也不可能只擁有失敗。

人的一生，說到底，就是在成功和失敗之間邊鞦韆。任何人都不可能只擁有成功，也不可能只擁有失敗。人生，順其自然好，心安自然快樂。

136

好心情就是一種正能量。

好心情就是一種正能量，可以使人精神煥發，信心倍增，每天用一份好心情對待自己，對待別人，對待自己周圍的每一件事，你會感受到生命的真諦，生活的樂趣，生存的意義；感受到陽光的燦爛，春風的和煦，生活的美好，雄心的騷動，也使別人感受到你渾身洋溢出的活力、朝氣，正氣。

137

閱盡人生百態，還是誠實最好；閱盡生活坎坷，還是真誠最美。

生活就是一面鏡子，於其中，或是善良誠實，或是奸詐虛偽，不同的人，有著不同的情態。

生活就似一部書，於其間，或是真誠相待，或是虛情假意，不同的人，留下不同的記錄。

經年的風雨，流年的漂泊，即使很苦、很累，但我們依然堅信，誠實最美。

138

你在睡覺，我在奔跑，所以我身體好。

你在抱怨，我在改變，所以我更優秀。
你在猶豫，我在繼續，所以我有結果。
你在觀望，我在路上，所以我更輝煌。
初心不改，只為做更好的自己。

獻給：為了自己的追求，正在路上堅定的追夢者！

139

身材不好就去鍛鍊，沒錢就努力去賺。

你羨慕別人身材好，卻放不下手中的高熱量食物。

你抱怨總沒有機會垂青，卻忘了自己的拖延、散漫。

你嚮往別人看過的風景，卻在家宅過一個又一個週末。

不曾盡力，沒資格抱怨：身材不好就去鍛鍊，沒錢就努力去賺。

140

我們慢慢走，讓靈魂跟上。

自己的腳都管不好又如何管人呢？
蹲下身來告訴自己：跟著我這麼久了，辛苦了，照顧不周的地方請原諒，謝謝你，我愛你！
心胸豁達，處事淡然，為人和氣。坦然面對，沒什麼大不了。接下來我們慢慢走，讓靈魂跟上。

141

當忍則忍，能屈能伸，人生之路才會越走越寬。

人生在世，不如意事十之八九，很多時候都需要忍。

忍耐是一種執著，一種謀略，一種修煉，一種人性的自我完善。

在人生的歷程當中，難免會遇到一些需要忍耐的事情，正好藉以歷練自己的心智。

耐得住寂寞，才守得住繁華。

耐得住寒冬，才等得到花開。

耐得住挫敗，才能開花結果。

142

人生，只有那一段靜默的時光，才真正屬於你自己。

靜默，是喧囂以外的寧靜，是迷失之中的領悟，是錯過之後的懺悔，是焦慮之下的沉思，是無奈之前的沉默，是勞累之後的休憩。不辯就是智慧，靜默的時光，是人的靈魂歸依的時辰，也是智慧凝聚的時機。

學會沉澱你的情緒，寧靜，才能致遠。

143

把自己抬得過高，別人未必仰視你；把自己擺得過低，別人未必尊重你。

沒有人是完美的，無須遮掩自己的缺失。

做人要能抬頭，更要能低頭。

一仰一俯之間，不僅是一個姿勢，更是一種態度、一種品質。

逆境時抬頭是一種勇氣和信心，順境時低頭是一種冷靜和低調。

有力爭上游的勇氣，更要有願意低頭的大氣。

144

我選擇寬容，不是我怯懦，而是我明白，寬容了他人，就是寬容自己。

我選擇糊塗，不是我真糊塗，因為我明白，有些東西是爭不來。

我選擇平淡生活，不是我不奢望繁華，因為我明白，功名利祿皆浮雲。

我選擇寬容，不是我怯懦，而是我明白，寬容了他人，就是寬容自己。

145

命運負責洗牌，但是玩牌的是我們自己！

感謝上蒼給我所擁有的，感謝上蒼給我所沒有的。

對於不可改變的事實，除了認命以外，沒有更好的辦法了。

人之所以痛苦，在於追求錯誤的東西，什麼時候放下，什麼時候就沒有煩惱。

與其說是別人讓你痛苦，不如說是自己的修養不夠。

命運負責洗牌，但是玩牌的是我們自己！

146

人如果因顧慮太多而拒絕行動，那就註定永遠一事無成。

社會很現實，你付出行動多少，你就能改變多少。

擔心這擔心那，一輩子就只能在退步中等待老去。

生命就像是一種回聲，送出什麼就收回什麼。

樹苗如果因為怕痛而拒絕修剪，那就註定永遠不會成材；人如果因顧慮太多而拒絕行動，那就註定永遠一事無成。

147 昨天怎麼樣不重要，關鍵是今天你有沒有努力的做些什麼？

今天你做的每一件，看似平凡的努力，都是在為你的未來積累能量；今天你所經歷的每一次不開心、被拒絕，都是在為未來打基礎。

不要等到老了，跑不動了再來後悔。

昨天怎麼樣不重要，關鍵是今天你有沒有努力的做些什麼？

這決定著你明天的收穫。

148

最好日子不過是一份安心。

平安即是福。

縱然大富大貴，在無常面前，一切也不過是夢幻泡影。

有多少福德就承受多大福報，人生不要有太多非分之想，有些你不該得到的就算僥倖，得到也是徒增一分危險。

讓你難過的事情，有一天，你一定會笑著說出來。

最好日子不過是一份安心。

149

戰勝自己，才是命運的強者。

世界上有條很長很美的路，叫做夢想；
有堵很高很硬的牆，叫做現實。
翻越那堵牆，叫做堅持；叫做突破。
人，不在於你的起點，在於你是否堅持自己的目標！
我們要打破的不是現實，而是自己！
戰勝自己，才是命運的強者。

150

當你成功了，你的故事就是傳奇；當你失敗了，你的故事就是笑話。

當你放棄了，你的故事只是一個案例。

當你拒絕了，你的故事只剩一片空白。

當你全力以赴了，你的故事將會是一段美好回憶。

想要生活的漂亮，你就應該需要付出極大努力。

忘掉所有那些「不可能」的藉口，去堅持那一個「沒問題」的理由。

151

習慣讀書的人，會看到一個更寬廣、更複雜的世界。

不讀書的人，認知的範圍只局限在自己的思維裡。唯讀一點書的人，對世界的認識也只是一知半解。習慣讀書的人，會看到一個更寬廣、更複雜的世界。書可以讓軟弱的人變得堅強，讓人學會獨立思考。但切忌形成自我思維，不要讀得太高，忘記了怎麼下來。讀書的最終目的，是尋找內心的光明，遇見最好的自己。

152

真正要做成一件事情，必須要有瘋狂的夢想，加上傻傻的堅持的一群人。

什麼是事業？就是一個瘋子，帶著一群傻子，在一起做一件未來可能轟動的事情！

瘋子帶著的是瘋狂的夢想，傻子帶著的是癡狂的勤奮與堅持。

聰明人是不適合創業的，因為聰明的人都怕吃虧上當受騙，所以，真正要做成一件事情，必須要有瘋狂的夢想，加上傻傻的堅持。

一群人！一件事！一條心！一輩子！一起拼！一定贏！

153

一個人的內心，要像一捧清澈的水。

不亂於心，不困於情。不畏將來，不念過往。

一個人的內心，要像一捧清澈的水。

風來，只是一道道漣漪，終究會歸於平靜。

雨落，只是一些些湧動，終究會落幕成寂。

雲過，只是一道道風景，終究會成為記憶。

守候一片自己的領域，無關塵世，無關風月，只是一種善良，一種責任，一種深深的愛戀。命運是自己行為的結果！

154

我沒有靠山，自己就是山！

我沒有天下，自己打天下！
我沒有資本，自己賺資本！
這世界從來沒有什麼救世主。
我弱了，所有困難就強了。
我強了，所有阻礙就弱了！
活著就該逢山開路，遇水架橋，一一生活。

155

努力，總能遇見更好的自己。

人生，就是一場自己與自己的較量。
讓積極打敗消極，讓快樂打敗憂鬱。
讓勤奮打敗懶惰，讓堅強打敗脆弱。
在每一個充滿希望的清晨，告訴自己：
努力，總能遇見更好的自己。

156

堂堂正正做人，明明白白做事。

再窮，不要欠錢玩消失。再難，不要說話不算數。再忙，不要不回人電話。

堂堂正正做人，明明白白做事。

永遠不要丟掉別人對你的信任。

因為別人信任你，是你在別人心目中存在的價值。

人生路很長，自己別把路走窄了。

把人做好了，什麼都會有的。

永遠不要透支身邊的人對你的信任，誠信，友善。

157

有目標的人在奔跑，沒目標的人在流浪。

有目標的人在奔跑，沒目標的人在流浪。

有目標的人在感恩，沒目標的人在抱怨。

給人生一個夢，給夢一條路，給路一個方向！

跌倒了要學會自己爬起來，受傷了要學會自己療傷！

生命只有幹出來的精彩，沒有等待出來的輝煌！

158

去愛一個能給你正能量的人，跟他在一起，你的人生必將一天天的陽光。

正能量的人就是正經人的真能量。

去靠近一個給你正能量的人。

負能量的人只會消耗你的人生，不斷把你帶入陰暗的境地。

真正的好朋友之間，應該形成正面的積極的相互影響、相互成就。去愛一個能給你正能量的人，跟他在一起，你的人生必將一天天的陽光。

159

做一個坦蕩的人，做一個真誠的人，做一個善良的人，做一個有尺度的人。

人活著，一份自然再加一份真。

人要善良，但更要有尺度，還要辯得清是非。

不是所有的人都能成為朋友，也不是所有的人都值得你付出真心或是發善心。

做人不要斤斤計較，但要有原則。

他人有過，不究；於人有恩，不念。

心底無私天地寬！

160

偶爾傻一下有必要，人生不必時時聰明。

任何情況下，背後不說他人是非。

如果一定要你說，說好話。

多個朋友是好事，即使不是很要好的，總比因為自己說話不慎重不思考而多一個敵人好得多，偶爾傻一下有必要，人生不必時時聰明。

161

有幸福的人，只是會幸福罷了。

幸福的人生活裡不是沒有不堪和瑣碎，不是沒有疲憊和失望，而是不管生活給了多大的泥沼，也要讓生命拔腿出來，也要在心中修籬種菊，怡養內在的優雅和高貴。

幸福是一種自我剝離的能力，以及自我生存的能力。生活中，沒有多少幸福是現成的，有幸福的人，只是會幸福罷了。

162

痛苦使我們成長！嚴是愛，鬆是害！

人是訓練出來的；人才是折磨出來的。

老闆是折騰出來的；大老闆是掙扎出來的。

痛苦使我們成長！嚴是愛，鬆是害！

多數人的死穴都把焦點放在賺錢上，而沒把焦點放在讓自己成長上，成長了就值錢了！

賺錢是你追著錢跑，值錢是錢追著你跑！

經營自己就是在經營自身價值！

163

捨什麼，不可以捨快樂；輸什麼，不可以輸微笑。

路，有短有長；事，有喜有傷；味，有澀有涼。
走過千山萬水，還是小家最美。
經過姹紫嫣紅，還是淡然長久。
越過繁華喧鬧，還是平淡最好。
唯有經歷，才能懂得。
人生是自己的，你是唯一的掌舵人，捨什麼，不可以捨快樂；輸什麼，不可以輸微笑。

164

人，要活得正直和真誠。

在人生低谷，我受到的啟發是，人生一世，終歸塵土，就算有一百年光陰，也不過歷史長河中的漣漪。因此，人要活得正直和真誠。無論遭受多大考驗，只要視真誠為道路上的燈塔，絕望也能鍛鍊自我。做人這四樣東西必須要有：揚在臉上的自信，長在心底的善良，融進血裡的骨氣，刻進生命裡的堅強。

165

傷了，揉一揉；苦了，忍一忍。

生活就是這樣，有人痛疼，有人微笑，有人哭泣。別問誰的行為傷了你，別問誰的感情苦了你。誰的人生都有傷，哪種生活沒有苦。生命，有長有短。生活，有苦有樂。人生，有起有落。關鍵是面對疼痛，如何撐過。傷了，揉一揉；苦了，忍一忍。又是美好的一天。

166

沒有比人更高的山，沒有比腳更長的路，沒有比信心和勇氣更大的障礙。

山高人為峰，功到自然成，心有多遠我們就能走多遠！

心態比黃金更重要！

每一個新的一天開始，給自己一個燦爛的微笑和一句激勵的語言，你將會擁有無窮的動力！

167

若想得到這世界上最好的東西，先得讓世界看到最好的你。

時間每天都是新的，從醒來的那一刻起就給自己更多嶄新的可能：跟那個浮躁、粗心、消極、懈怠的自己揮手作別，把臉迎向陽光，你的面前就不會有陰影，決心改變，生活一定會賜予你新的開始！在工作中修行，在生活中成長，開心快樂從每天清晨開始！

168

幾塊礁石阻攔不住江水東流，一段枯枝遮掩不了春光盛開。

人生路上多是艱險，需要自己爬山涉水，聚精會神地應對。只要自己知道去哪裡，只要自己潛心前行，以睿智的眼光觀察世界，以接納的心胸包容萬物，以執著的行動融解壁壘，所有的路都在自己腳下。

走過了再回望，攔路石會成為墊腳石。將來會為自己奮鬥過的歷程而驕傲！

169

放棄很容易，但你最終會一無所得。堅持很難，但你最後一定會有所收穫。

你勇敢，世界就會為你讓路；你無懼，命運就會為你屈服。我們可以選擇停滯不前，也可以選擇自我改變。我們可以選擇安逸享樂，也可以選擇在奮鬥中精彩綻放！過去的你，今天的你，都不重要，重要的是你的未來要成為怎樣的人！

170

最美的風景，不在他鄉，也不在遠方，而在於你自己的心裡。

若懂得珍惜，你會發現收穫的更多。

若一味地追求，你會發現失去的越多。

誰，都是誰的過客，只是有的人，在你心裡是一輩子。

最美的風景，不在他鄉，也不在遠方，而在於你自己的心裡。

171

從知足看人生，會看見珍惜。

從現在看過去，會看見無知；從寬容看是非，會看見解脫；
從接受看命運，會看見踏實；從平凡看生活，會看見快樂；
從檢討看內心，會看見成長；從隨緣看事物，會看見自在；
從善念看他人，會看見慈悲；從樂觀看未來，會看見希望；
從反省看自己，會看見轉機；從知足看人生，會看見珍惜。

172

幸福，應該是發自內心的舒暢笑容。

為了一個夢想，我們走到一起，為了一個承諾，我們風雨兼程。為了一個信任，我們全力以赴，為了一個結果，我們勇敢前行。你對生活是什麼樣的態度，它自然會回敬你什麼樣的狀態。這個世界不只有成功學，還有一個幸福學。

幸福並不只是房子、車子、金錢、地位和榮耀，還應該是發自內心的舒暢笑容。

幸福是心的滿足，別和他人爭吵，別和命運爭吵，別再說快樂是一件奢侈品。

放鬆一點，讓快樂慢慢靠近，生活終會有滋有味。

173

觀人知己。

人的品德看言行，人的思想看行為。
人的內心看做事，人的心術看眼神。
人的知識看談吐，人的內涵看表現。
人的修養看性格，人的能力看業績。
人的身手看對手，人的為人看朋友。
人的本質看歷史。

174

我們不停尋找幸福，驀然回首，幸福其實就在身邊。

生命是一種緣，你刻意追求的東西，也許終生得不到。
而你不曾期遇的燦爛，反而會在你的淡泊、從容中不期而至。
我們不停尋找幸福，驀然回首，幸福其實就在身邊。
我們需要做的是停下來，慢慢感受這份幸福。
一生中，想要追求的東西太多了，殊不知，有捨才有得。
這是一種智慧，而我們更需要這樣一份心境。

175

知足常樂，寵辱不驚

糊塗的人生觀就在於要達觀生活，知足常樂，他能看開一切，所以寵辱不驚、從容快樂。想要達觀，就要懷一顆平常心，凡事順其自然，不去計較是是非非，笑看庭前花開花落。

176

堅持，就能看見希望

每一個人一生中都有自己的最後一哩路，王建明這幾年浮浮沈沈，但仍秉持「不放棄就有機會」的態度，仍在美國職棒努力著，堅持走完最後一哩路，工作熱情是成功關鍵因素之一，你為自己人生的最後一哩路做足準備了嗎？

177

別把眼光停留在想像中，你擁有的就是你的幸福。

我們有時會錯誤地以為，得不到的，才是珍貴的，已經擁有的，都是廉價的。

得不到的因為缺少深入的瞭解，它只是一種美好的假像，給我們一個絢麗的外表。

如果有那麼一天，你距離它近了，知道了它的真相，你才發現，它和我們擁有的，竟是那麼的相似。別把眼光停留在想像中，你擁有的就是你的幸福。

178

一生一會，緣來是你。

在我們一生會遇到很多人，其實，有緣才能相聚，親人多半是前世的好友，好友多半是前世的親人，給你帶來煩惱的多半是你前世傷害過的。所以，一定要善待身邊的親人，關心身邊的朋友，寬恕那些傷害你的人。也許，這就是因果，一生一會，緣來是你。

179

放鬆，真好。

一生，說長不長，說短不短，不管人生處於哪個階段，都應該少點執著，都需要學會時不時放空自己，其實，很多想不明白的事情會在時間的推移下，變得不是那樣的重，變得無所謂，放自己一馬，讓心真正休息，一步步學會放空的智慧，讓生命微笑說，放鬆，真好。

180

認清目前的自己，找到屬於自己的位置。

與其羨慕別人，不如做好自己，膚淺的羨慕，無聊的攀比，笨拙的效仿，只會讓自己整天活在他人的影子裡面，盲目的攀比，不會帶來快樂，只會帶來煩惱；不會帶來幸福，只會帶來痛苦，我們每個人都應當認清目前的自己，找到屬於自己的位置，走自己的道路。

181

與其每天擔心未來，不如努力現在。

成功的路上，只有奮鬥才能給你最大的安全感和答案。

不要輕易把夢想寄託在某個人身上，也不要在乎身邊的閒言碎語，因為未來是你自己的，不是你能不能，而是你要不要！

靠山山倒，靠人人跑，靠自己才是最好！

我不勇敢，誰替我堅強！你若不堅強，懦弱給誰看！

不浮躁，要踏實，創事業，打天下，不流淚，靠自己。

182

人生無完美，曲折亦風景，看開，想通，就是完美。

砥礪磨難，提升心性，磨煉靈魂。不卑，不亢，心從容；不攀，不比，心淡然；不怒，不嗔，心隨和；生命，有長短；生活，有苦樂；人生，有起落。學會揮袖從容，暖笑無殤。快樂，不是擁有的多，是計較的少；樂觀，不是沒煩惱，是懂得知足；人生無完美，曲折亦風景，看開，想通，就是完美。

183

懂得珍惜，用心感受生活賜予的一切。

珍惜每一份緣分，珍惜每一份相遇。既相遇，必相惜。既有緣，必在意。用一顆善良之心去款待每一份情意，用一顆寬容之心去恩待每一位朋友。用一顆理解之心去誠待世人，用一顆仁愛之心去善待親人！

184

低頭有堅定的腳步，抬頭有清晰的遠方。

美好的生活方式，不是躺在床上的百般無聊，也不是坐在家裡的無所事事，更不是走在街上的無所適從，而是和一群志同道合的人，一起奔跑在理想的路上，回頭有一路的故事，低頭有堅定的腳步，抬頭有清晰的遠方。

185

一個人，不怕將來後悔做過什麼，怕的是後悔沒做什麼。

生命裡，真正讓你難以忘懷並深懷感恩的，是最初那個不顧一切清醒且勇敢自信的自己。

珍惜緣分，珍惜時光。

以善為念，學會感恩。

以誠相待，以心相交。

一個人，不怕將來後悔做過什麼，怕的是後悔沒做過什麼。

186

心在哪裡，路就在哪裡。

打垮自己的，不是別人，而是你自己。

不要把一次的失敗看成是人生的終審。

世上沒有一帆風順的事，只有堅強不倒的信心與毅力。

逃是懦弱的，避是消極的，退就顯得更加無能。

成功的道路得靠自己闖，心在哪裡，路就在哪裡。

187

淡定，捨得。

水的清澈，並非因為它不含雜質，而是在於懂得沉澱，懂得包容淡定。

心的通透，不是因為沒有雜念，而是在於明白取捨，看得開。

188

用人品去感動別人，用改變去影響別人。

用狀態去燃燒別人，用實力去征服別人。用行動去帶動別人，用陽光去照耀別人。用人品去感動別人，用改變去影響別人。

要求自己每天都去做與夢想有關的事情，哪怕每天只進步一點點，堅持下來，你就是最優秀卓越的人。

189

你有大世界，我有小生活。

做個安靜的人挺好，不喜歡爭搶，一群人喧鬧，我負責微笑，不太大喜也不太大悲，世間僅此一次，所以從從容容隨遇而安，不被別人打亂節奏。

進能傾聽他人想法，退能思考自己生活。

欣賞他人，你很好，我也不賴，你有大世界，我有小生活。

此地此生甚好，從容而行。

190

世界上最好的感受，就是發現自己的心在微笑。

捨不得傷害別人，總是帶著笑去原諒。
顧不得心疼自己，總是含著淚去支撐。
一些感受，只能交予心揉進淚。
一些感情，只能止於唇，藏於心，用心交友，朋友皆是貴人。
用心愛人，人人皆是親人，用心做事，事事皆是好事。
每天給自己一個微笑，種上一天的陽光。
世界上最好的感受，就是發現自己的心在微笑。

191

生活的確不簡單，但我們可以簡單過生活。

旅途有多遠，只有心知道。

最美的旅程，其實就是，不斷的經歷，不斷的抵達，不斷的啟程。

在路上，總有些美麗，會讓世界為之安靜；總有些語言，會讓世界為之傾聽；總有些力量，會讓世界因此前行。

在路上，也總有一種感動，能讓人淚流滿面；也總有一種呼喚，能讓人痛徹心扉；也總有一種情愫，能讓人難以釋懷。

不管經歷多少風景，歷練多少煩惱，總抵不過一份內心的從容。

生活的確不簡單，但我們可以簡單過生活。

192

活在當下。

風景再美，既已路過，就要離開，無論捨不捨得，人生都要前行。放得下，過去就是支撐未來的基石；放不下，昨天就是拖累今天的包袱。

想獲得愉快，就要放下過去的思想，人生有希望才有活頭，而希望在當下，不在昨天。

193

面對誤解，一笑而過。

有時遭遇誤解，言辭申辯是徒勞，不如一笑而過，讓時間告訴答案；遇到話不投機之人，多說是過，置之不理才是一種智慧。徒有知性的觀念和知識是不夠的，我們必須重視生活的磨煉，在日常生活中體驗友愛和負責，學習珍惜自己，省悟生命的意義和價值！

194

把流言，當成嘴角的一縷微笑；把打擊，當做奔跑時需要躍過的台階。

讓煩惱與風去遠行；讓痛苦陪雲去流浪。

把流言，當成嘴角的一縷微笑；把打擊，當做奔跑時需要躍過的台階。

不要挖空心思去追名逐利，也不用每天看別人的臉色過日子，生命很重，所以生活要輕；生命很脆弱，所以心靈要堅強。

那些愛過的，正愛的，哭過的，笑過的，畢竟都是生活。

挫折，滄桑，何嘗不是一筆財富？

只要心靈沒有枷鎖，就會擁有真正的快樂！

195

能習慣有你的陪伴，也能習慣沒有你的孤單。

你冷落了我，我也會冷落你，我們的關係就這樣慢慢消失了，
能習慣有你的陪伴，也能習慣沒有你的孤單。
慢慢地都淡了，漸漸地都忘了，世上的事就是這樣。
風景依舊，心情會變。
沉重時，那條路很漫長。
輕鬆時，再遠也不遠。

196

好不好，只有自己最明白。

人的一輩子真的好難，我們停停走走，走走停停。
可是卻走不出明天，停不到昨天。
不得不承認，時間改變了很多。
當別人問起我過得好不好時，我都會努力微笑說：「還好吧」。
其實，好不好只有自己最明白，有些事，註定只能藏在心底。
人生苦短，我們笑著面對人生，才能堅強度過人生的每一天！

197

昨天再好，也走不回去，
明天再難，也要抬腳繼續。

沒有人能讓你煩惱，除非是你拿別人的言行來煩惱自己。
沒有放不下的事情，除非你自己不願意放下。
日子，過的是「心情」。
生活，要的是「品質」。
經營好心情，你就擁有了生活的全部！

198

低調做人，高調做事。

為人處事請記住，千萬不要瞧不起任何人！
鳥活著時，吃螞蟻，鳥死後，螞蟻吃鳥。
一棵樹可以製成一百萬根火柴，但燒光一百萬棵樹，只需一根！
時間和環境隨時改變，莫貶低或傷害任何人。這一次你強，謹記時間比你更強。所以，向善，行善。千萬不要瞧不起任何人！你瞧不起別人的時候，別人可能更瞧不起你，只不過別人不暴露出來，不和你計較！
花姹紫嫣紅，卻只是曇花一現：樹，樸素尋常，卻可以百歲長青。

199

每件事情，都有其原因，也有其结局，只是時間而已。

在這世界上，許多事情不容你解釋。每件事情，都有其原因，也有其結局，只是時間而已。

人，應該越活越明白，越活越簡單，像童年般的天真和樸素，像年輕時的熱情和瀟灑，如同深秋，儘管寒冬即將來臨，也必定會來臨，卻依然佇立成一道風景。

200

一個人走過人世間，走的是景，來的是緣。

我喜歡看景，但我更珍惜緣。

人生本來就是一個大舞臺，春、夏、秋、冬，風風雨雨，來來去去，演繹著每個人的人生經歷。

緣盡了，我們道一聲珍重，緣來了，我們說一聲珍惜，天天沐浴在陽光下，照亮別人，溫暖自己。

不斷的面對，不斷的否定，不斷地嘗試，不斷地經過。

守住自己的初心，去承擔生命的重量，沒有誰能讓自己的生命暗淡，只有自己才能讓自己的人生爍爍生輝，不負人生這一場。

201

沉澱、安靜、梳理。

學會讓自己安靜，把思維沉浸下來，漸漸減少對事物的欲望；學會讓自我常常歸零，把每一天都當作是新的起點。遇到心情煩躁的時候，喝一杯清茶，放一曲舒緩柔和的音樂，閉眼，回味身邊的人與事，慢慢梳理新的未來。

202

沒有人該為你做什麼，因為生命是自己的，你得為自己負責。

有人幫你是幸運，學會心懷歡喜與感恩；無人幫你是命運，學會坦然面對與承擔。沒有人該為你做什麼，因為生命是自己的，你得為自己負責。

人生的必修課是接受無常，人生的選修課是放下執著。

當生命陷落的時候請記得，你必須跌到你從未經歷過的谷底，才能站上你從未到達過的高峰。

203

生命不是一場比賽，而是一次徒步旅行。

比賽在乎終點，而徒步在乎沿途風景。不登山，不知山高；不涉水，不曉水深；不進沙漠，怎知其絕妙。徒步，可以使你中斷每天周而復始的凡人瑣事，讓自己的胸懷得以舒展，心靈得以淨化！

204

人最先衰老的不是容貌，而是那份不顧一切的闖勁。

有時候要敢於背上超出自己預料的包袱。

經歷一段努力過後，你會驚訝地發現：很多所謂的遠方，其實並不遙遠。

人生最難能可貴的是，看透一切後，還能每天保持著激情，去創造去實現你存在的價值。

205

真誠，是一個人的本性；善良，是一個人的天性。

不管遇見任何人，真誠才能走進心裡；無論碰到任何事，善良永遠不過期。

美麗的外表也許會打動別人，但真誠的內心更能感動別人；強勢的語氣也許會讓人口服，但善良的行動更會讓人心服。

不做作，不敷衍，不世故，就是一個人的真；懂包容，懂尊重，懂讓步，就是一個人的善。

不丟根本，不忘初衷，一個人才能走得從容，站得穩定。

206

人生最棒的事就是，每一次醒來都是嶄新的一天。

每一次的醒來，都是生命新的開始；無論生活給予了你多少考驗，世人對你有多少誤解，都沒關係，做好自己才是最重要的；人生再多的幸運、再多的不幸，都是曾經，都是過去。好與不好都走了，幸與不幸都過了，一如窗外的雨，淋過，濕過，走了，遠了。曾經的美好留於心底，曾經的悲傷置於腦後，不戀，不恨。

207

一個人心中有多少恩，就有多少福；一個人心中有多少怨，就有多少苦。

要相信任何事情的發生，都有其原因，並有助於你，相信一切都是最好的安排，相信宇宙中所有事情的發生，都是來幫助你實現目標和夢想的，要麼為了考驗你，要麼為了成就你，心存感恩，才會獲得源源不斷的能量！

208

心地善良的人，容貌一定動人，心裡知足的人，生活一定快樂。

善心，點亮心燈；慧心，使心燈長明。

善良的人，往往可以逢凶化吉。

覺慧的人，常常可以化險為夷。社會，向善的人越多就越和諧。

人生，感恩的心越多就越美好，不說他人長短，不念他人恩怨。

是善心；時刻誠心待人，日夜專心做事，是懿行。

心地善良的人，容貌一定動人，心裡知足的人，生活一定快樂。

209

不驚擾別人的寧靜就是慈悲；不傷害別人的自尊就是善良。

人活著，發自己的光就好，不要吹滅別人的燈。不驚擾別人的寧靜就是慈悲；不傷害別人的自尊就是善良。給人留一步路，自己也海闊天空。

210
給別人餘地，就是給自己空間。

若想獲得對方的認可，就要想辦法使對方說：「是」。

如果你想要告訴別人錯誤的時候，你最好先問一個溫和的問題，一個能得到對方：「是」的反應的問題。

盡可能地使對方多說話，鼓勵他們多談論自己。

把你的注意力給對方，使他們獲得更多的自重感。

給別人餘地，就是給自己空間。

211

人生不能靠心情活著，而要靠心態去生活。

心情像九月的天氣，陰晴不定。

一個人的生活，如果要依賴於心情，他一定也是善變的，他的人生會像斷了線的風箏，隨風搖擺，無法自拔。

生活的強者，會及時調整自己的心態，讓心情時常保持積極向上，充滿陽光。

被心情左右的人常迷茫，能左右心態的人常快樂。

212

把困難踩在腳下，你才會站得更高。

生命就是一次次蛻變的過程。
唯有經歷各種各樣的折磨，才能增加生命的厚度。
一個人的成長過程，恰似蝴蝶破繭的過程，
在痛苦的掙扎中，意志得到鍛鍊，
力量得到加強，心智得到提高，生命在痛苦中得到昇華。
當你從痛苦中走出來時，就會發現，你已經擁有了飛翔的力量。

213

堅持信念，永不放棄。

追尋夢想的路上，總會遇到很多打擊跟挫折，甚至還有很多流言蜚語，如果你因此而放棄，換再多目標也難達成。

我們都不是天才，但只要堅持信念不放棄，並從打擊和挫折中站起，你的第二人生一定能夠很精彩，找到一個你想要成為的自己，不管過程多艱難，都要努力，有天你能創造出屬於你自己的勝利！

214

不必豔羨他人，家家都有一本難念的經。

每個人，都是一道獨特的風景。
你站在橋上看風景時，看風景的人在樓上看你。
不必豔羨他人，家家都有一本難念的經。
你該學會相信自己，再學會欣賞自己，試著把自己最亮麗的一面找出來，並呈現在陽光下。
生命是自己的，除了必要的擔當，更該為自己活著。

215

沒有烏雲密佈的時候，我們就不會去珍惜陽光。

世間有許多事情是不可逆轉的：烈日給予萬物生長的光芒，我們卻必須面對，許多不見天日的陰霾；圓月帶給人類不盡的遐想，我們卻必須接受，殘缺不全的輪迴。

我們都喜歡風和日麗，晴空萬里，卻必須迎接電閃雷鳴，風雨交加的洗禮。

也許，偉大的自然界是在向我們昭示：沒有烏雲密佈的時候，我們就不會去珍惜陽光。

216

有底氣的人，面對得失榮辱不悲不喜，僅淺笑便了然於胸。

我說的底氣，不是身外之物的擁有。這樣的底氣就是，品盡滄桑而寵辱不驚。說到底，就是無論面對怎樣的際遇都能從容不迫。你慌惶著什麼，就極至在意些什麼。說到底是因為，害怕失去。有底氣的人，面對得失榮辱不悲不喜，僅淺笑便了然於胸。這樣的生活，一個「淡」字，媲美於石破天驚的氣勢。

217

一無所有，就去創造到一無所缺。

沒有夢想就去設計夢想，沒有能力就去提升能力，沒有條件就去創造條件，沒有人脈就去建立人脈，一無所有，就去創造到一無所缺。

總之你沒有的一切，都不是你不能實現夢想的阻礙，只要你有夢想，只要你還活著，就已經具備完成夢想的資本。

請你不要告訴我，你又沒時間了，你又沒空了，那我只能告訴你，你永遠是別人的見證者。

218

你怎樣對待生活，生活也會怎樣對待你，你怎樣對待別人，別人也會怎樣對待你。

所以你不要消極、抱怨。

成功者永不抱怨，抱怨者永不成功。

任何事情發生，必有目的，必有助於你。

你投入的每一份努力。

都會在未來的某一天回饋於你，而你所要做的，就是每天多努力一點

點，請相信：別人擁有的，你也會擁有。

只要努力堅持，時間都會給你。

219

一個人的外表如何並不重要，重要的是他的心。

在追求名利富貴的這條路上，我們可以穿著很體面、可以打扮得很高尚；荷包裝得飽飽、外表光鮮亮麗；在別人面前，我們可以裝、可以騙、可以很……

但是我們的內心，就會因此而相對富足了？我們可曾靜下心來，往自己的內心去探討，試著更了解，自己是一個什麼樣的人？唯有自己，才真正知道自己是什麼！

220

當愛在時，就要好好去珍惜。

一句想你，會倍感幸福。當愛在時，就要好好去珍惜。好緣分可遇不可求，有緣的人才能聚首；真感情可守不可丟，有愛的心永不說分手。

別把真心愛過，變成曾經擁有；別把一次過錯，變成一生錯過。真情意不是一時興起，而是一世相依。

221

能幹的人並不是沒有情緒，他們只是不被情緒所左右。

「怒不過奪，喜不過予」，源於內在的自信與魄力。情緒易於波動、喜怒輕易形於色的人，與其說是坦率，不如說是缺乏內心歷練。

在該隱忍的時候隱忍，在該爆發的時候爆發，是成熟的標誌。

當你感到情緒低迷的時候，是不是該暗示一下自己：生活，除了詩意的遠方，更多還有眼前的美好呀！

222

人生的道路是一條曲線，坑坑窪窪，曲曲折折。

人生的道路是一條曲線，坑坑窪窪，曲曲折折。它上面，既有得意者的歡欣，也淌過失敗者的淚水；既有順利者的喜悅，又有受挫者的苦惱。正因為如此，人生的曲線，使得生命變得充實而有意義。

223

苦是生活的原味，累是人生的本質。

你走得再遠，站得再高，得到的再多，都脫離不了苦與累的糾纏。人生就是一種承受，一種壓力，讓我們在負重中前行，無論走到哪裡，在逼迫中奮進。

我們都要學會支撐自己，失敗時給自己多一些激勵，孤獨時給自己多一些溫暖，努力讓自己的心靈輕快些，讓自己的精神輕盈些，把哭聲轉小，勇敢向前行。

224

人生最大的痛苦，就是心靈沒有歸屬。

人不能做得太假，假了，難以交心。

人生最大的痛苦，就是心靈沒有歸屬。

不管你知不知覺，承不承認。心存美好，則無可惱之事；心存善良，則無可恨之人；心若簡單，世間紛擾皆成空。

做好人，身正心安魂夢穩，行善事，天知地鑒鬼神欽。你若不疑，人間不寒；你若不離，世界不遠；你若不恨，蒼天有暖；你若不語，四海昇平。平靜來自內心，勿向外求。

225

有緣而來，無緣而去。

不該來的盼也無用求也無益。
有緣，不推，無緣，不求。
來的，歡迎，去的，目送。
一切隨緣順其自然。
人世間的事情，勉強終不能如意，強求勢必不會甜蜜。

226

想成為大樹，就不要和草去比。

短期來看，草的生長速度和樹相比，肯定是草的長勢明顯，但是幾年過後，草換了幾波，但是樹依舊是樹。

所以這個世界上，只有古樹、大樹，卻沒有古草、大草。

做事業，重要的不是一時的快慢，而是持久的發展力。

不要急於等著回報，只要你種下種子，又用心灌溉，就一定會有收穫，只管耕耘，不問收穫、因為——播種和收穫從不在一個季節。

227

當我們抱怨世界陰暗時，恰恰是自己內心，蒙了很厚的灰塵。

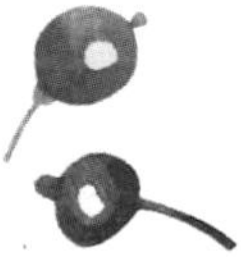

有智慧的人，從來不活別人嘴裡，也不活在別人的眼裡。識自本心，見自本性，自由自在，動靜自如，當下就是修行開始。

228

我好愛自己、我更愛家人、我非常有自信、我人生越變越好。

我是受肯定的、我是自己的主人、我是最棒的、我一定會成功。我決定改變自己、我有能力做好每件事、我的身體越來越健康。我所有的逆境、我都能正面積極處理、我所有的挫折、都讓我不斷成長。

我的理想絕對堅持、絕不放棄、直到成功，我每天用心對自己生命負責。

229

知足而常樂，看淡而幸福。

每天睜開雙眼，你能看到一窗的陽光，請你微笑，這是生命的所賜，世界沒有拋棄你。

每天叫醒耳朵，你能聽見家人的呼喚，請你微笑，這是生活的給予，幸福沒有遠離你。

這一切都是清新的美好的，我們有什麼理由不快樂。

縮小你昨天的煩惱，放大你今天的擁有，你的世界才是溫暖的。

230

把面子拿下來揣在衣兜裡，素面朝天，你會發現原來，生活真的沒那麼沉重。

我們之所以活得累，往往是因為放不下面子來做人。虛榮心無限膨脹，蒙蔽了真實的自我，分不清什麼是需要和欲望，把別人的眼光當做行為的最高標準，把別人的恭維當做人生的最高獎賞，完全迷失在世俗的迷宮中，把面子拿下來揣在衣兜裡。素面朝天，你會發現原來，生活真的沒那麼沉重。

231

要習慣任何人的忽冷忽熱，也要看淡任何人的漸行漸遠。

一生很短，沒必要和生活過於計較。
有些事弄不懂，就不去懂，有些人猜不透，就不去猜。
有些道理想不通，就不去想。告訴自己：
我可以不完美，但一定要真實。
我可以不富有，但一定要快樂。
改變不了的事就別太在意！

232

在這未知的世界，努力去做那些喜歡的事情。

不要閒下來，把所有的時間，都用到自己喜歡的事情上。

不要怕沒結果，不要怕沒成功，最怕你一生碌碌無為，還安慰自己平凡可貴。

認真做某件事情的時候，最後無論結果如何，但你一定真真正正喜歡那種充實感。

為了夢想，為了喜歡，拼命去做，那都是相當的可愛。

233

這個世界，總有你不喜歡的人，也總有人不喜歡你。

這個世界，總有你不喜歡的人，也總有人不喜歡你。

而且，無論你有多好，也無論對方有多好，都苛求彼此不得。

因為，好不好是一回事，喜歡不喜歡是另一回事。

刻意去討人喜歡，折損的只能是自我的尊嚴。不要用無數次的折腰，去換得一個漠然的低眉。紆尊降貴換來的，只會是對方愈發地居高臨下和頤指氣使。沒有平視，就永無對等。

234

當我們讀懂了時光，才知道自己需要的是什麼。

一首歌可以，撩起一段記憶。一杯茶可以，味染一份心情。當我們讀懂了時光，才知道自己需要的是什麼。原來千般跋涉，萬種找尋要的，不過是一顆平常心，識得寬容，懂得放下，以平常心對待生活，生活，將無處不是勝境，識得進退，懂得回歸，以平常心對待人生，人生，將無處不是坦途！

235

心累、困惑的時候，換個角度看世界。

壓抑鬱悶的時候，換個環境深呼吸。

猶豫的時候，換個思路去選擇；煩惱的時候，換個思維去排解；

抱怨的時候，換個方法看問題；自卑的時候，換個想法去對待。

236

一個人的理性，不在風平浪靜時，而在眾聲喧嘩時。

一個人的慈悲，不在居高臨下時，而在人微言輕時。

一個人的堅強，不在挫折失敗時，而在屢敗屢戰時。

能耐得住寂寞的人，肯定是有思想的人。

能忍受孤獨的人，肯定是有理想的人。

遇事能屈能伸的人，肯定是有胸懷的人。

237

與世界更好的相處。

「行善無求福自來」，行善而不求回報的人，經常能夠得到意料之外的回饋。

這是因果回轉的自然規律。善良之人經常造福於他人，實質上也是造福於自己。

「說明別人，就是說明自己」，這句話絕不只是簡單的因果報應，而是做人的根本。

238

我們要修煉的是，如何提升自己的高度，而不是每天專注困難。

螞蟻在地上爬時，再小的石頭，都是天大的障礙。

如果是大象行走，石頭根本不在話下，只有大山才是障礙。

如果是老鷹飛翔，再高的山峰也能輕易飛過。

有高度的人是沒有困難的，因為行走的高度不一樣，做事的格局也不一樣。

我們要修煉的是，如何提升自己的高度，而不是每天專注困難。

239

想測試一個人的人品，就給他權力。

當一個人認為自己，已經強大到不需要任何人的說明時，恰恰是他最脆弱的時候；當一個人認為自己不可或缺時，恰恰是隨時可以被替代的時候，越是有了一點小結果越是要謙卑感恩才會持續上升，否則會一敗塗地。

宇宙的給予和變化，永遠超出你我想像。

240

不要感歎生命渺小，再渺小的生命，只要心有定力，終會達到目的。

抱定一份和氣，來看待這生活的一切，憂悲苦惱隨他來去，慈悲歡喜更是隨緣，佛法不是用來表達懂多少，而在於自己活得怎麼樣，隨緣曠達，喜樂平和。

人的生命是有限的，但人的思維是無限的，滾滾紅塵中，能留給人最純潔的東西，就是人的信念與思想。

241

每個人心裡都有一把尺，我們用它來衡量別人，更要時常度量自己。

在現實生活中，應當說尺是最公平的，但拿在不同人的手裡，去度量不同的人，就會出現不同的結果。

每個人心裡都有一把尺。我們用它來衡量別人，更要時常度量自己。不要常指責他人，卻很少過問自己。

這個世界，應當有這樣一把尺，於情充滿溫暖，於理凸顯公平，於法彰顯正義，時時刻刻閃耀著人性的光輝。

242

豐富自己，比取悅他人更有力量。

不要去追一匹馬，用追馬的時間去種草，待到春暖花開時，就會有一批駿馬任你挑選。

不要去巴結一個人，用暫時沒有朋友的時間，去提升自己的能力，待到時機成熟時，就會有一群朋友與你同行。

豐富自己，比取悅他人更有力量。

243

你相信什麼，就會吸引到什麼。

你懷疑什麼，什麼就會與你擦肩而過，這叫不信則無。你抱怨什麼，什麼事就在你身上發生，這叫怕什麼來什麼。面對機會和挑戰，不一樣的意識，決定不一樣的結果。所有目標的實現，都是潛意識的推動。所有成功，都是來自於相信和自信。

244

每個人都有別人體會不到的辛苦，心裡有旁人無法感受的難處。

路一步一步走著，留下的腳印自己最清楚。

事一點一點做著，其間的艱辛自己最明白。

你走得累不累，腳知道；你撐得難不難，肩知道；你過得好不好，心知道。

智慧者，總是想辦法，化解生活的一切煩惱。

愚蠢者，總是無奈的複製自己的痛苦。

245

就好像馬鈴薯跟番茄，本來不是一個世界的，但卻走在了一起。

好朋友走在一起不容易，朋友之間，有的強勢，有的隨和，有厲害的，有溫順的，有計較的，有大度的，就好像馬鈴薯跟番茄，本來不是一個世界的，但卻走在了一起，因為馬鈴薯變成了薯條，番茄變成了番茄醬，而成了絕配。

沒有天生合適做朋友的人，需要的是，彼此包容，理解，改變。

風風雨雨的磨合中，改變著不合適的彼此，愛情友情都亦如此。

246

最大的貴人，是樂觀陽光的自己！

擠不進的圈子不要硬擠，難為了別人作賤了自己；門坎跨過了是門，跨不過就是坎；認識一個人靠緣分，瞭解一個人靠耐心，征服一個人是靠智慧的，和睦去相處要靠包容。

不攀緣、不強求，許多人都在期待貴人，其實我們最大的貴人，是樂觀陽光的自己！

247

耐心決定境界。

付出一點就想馬上有回報的人適合做鐘點工。
如果能耐心按月得回報，適合做打工族。
耐心按年領取回報的是職業經理人。
能耐心等待三到五年的是投資家。
可以耐心等待十到二十年的是企業家。
能等待五十到一百年的是教育家。
能等候三百年的就是偉人。
能耐心等待三千年才見到效果的就是聖人。
耐心決定境界。

248

心中有愛的人，是最有力量的人。

從心理學上講，愛是深深的理解與接納。
從哲學上講，愛是需要。
從心靈上講，愛是修行的智慧。
最好的愛是讓對方成長。
感受愛，承載愛，踐行愛！
心中有愛的人，是最有力量的人。

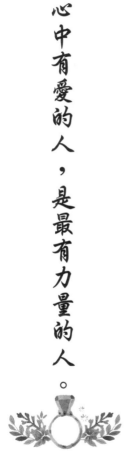

249

看人不能看表面，日久必定見人心。

你珍惜一個人，一定是感動過。
你放棄一個人，一定是失望過。
看人不能看表面，日久必定見人心。
品情不要品隨行，患難時才見真情。
人在落魄時才能看清，誰潑的是盆冷水，誰捧的是顆丹心。

250

該斷就斷，認賠了事。

人們破產的常見原因是不能控制心理上的糾結。

你花了這麼多心血、這麼多金錢，花的越多，就越容易這麼想：「估計快成了，再多花一點兒，就能成了……」

人們就是這麼破產的……因為他們不肯停下來想想：「之前投入的就算沒了，我承受得起，我還可以重新振作。」

該斷就斷，認賠了事。

251

不要總是讓別人開心，而自己委屈。

不要太在意別人的感受。
不要別人一失落，你就緊張。
不要別人一道歉，你就心軟。
不要總是讓別人開心，而自己委屈。
想一想，何必讓自己累得喘不過氣。

252

財富不是永遠的朋友，朋友卻是永遠的財富。

交一個欣賞你的朋友，即便在你困苦時，會安慰你、鼓勵你。交一個為你領路的朋友，自願做你的墊腳石，帶你走過泥濘、撥開迷霧。交一個肯指點你的朋友，時刻提醒你、監督你，讓你時刻發現自己的不足。

人生最美好的事莫過於：和一群志同道合的人，奔跑在夢想的路上。回頭，有一路的故事。

財富不是永遠的朋友，朋友卻是永遠的財富。

253

哀莫大於心不死，幸莫過於死徹底。

太重感情的人，容易滿足，更容易受傷，總有一種，被忽視的感覺，付出的遠遠超過得到的。太重感情的人，很固執，不懂得放棄，總是說著要離開，卻一再為自己找不離開的理由。別人做得越絕，你反而越容易走得出去。所以很多時候，你應該感激那些毫不顧及你的人。哀莫大於心不死，幸莫過於死徹底。

254

你現在不累，以後就會更累；你現在不苦，以後就會更苦。

萬物相生相克，無下則無上，無低則無高，無苦則無甜。

這世界上除了你自己，沒誰可以真正幫到你，就算幫也是暫時的。

十年前你是誰，一年前你是誰，甚至昨天你是誰，都不重要。重要的是，今天你是誰，以及明天你將成為誰。

你現在不累，以後就會更累；你現在不苦，以後就會更苦。

255

心中有份掛念，是一種充實，心中有份堅持，是一種富足。

歲月蹉跎，苦倦無果，不言心累，不訴煩惱，不為風光，不為炫耀，只為心底那份執著，只為找回自己，其實，人活著就是一種心情，心中有份掛念，是一種充實，心中有份堅持，是一種富足。

256

互相尊重，互相包容。

一棵樹，一塊石，一枝草，若單獨擺在那兒，看起來似乎就顯得單調，好像缺少了活力；但若彼此湊在一塊兒，互相輝映，就能感受生生不息的生命力。

人也是如此，要懂得互相尊敬、互相包容，生活起來才會和諧。所謂風景，必須要有一花一草、一木一水、一石所構成，缺一樣就不叫做美景。

257

擁抱生活的每一種可能。

人生之所以精彩，是因為願意全然的接受一切。

生命之所以可貴，是願意尊重一切的生命，不拒絕生活帶來的任何一種可能性，才是對待生活最好的方式。

或許有一天，回頭看時甚至還會感到慶幸，慶幸所有的經歷，成就了一個意想不到的自己。

258

所有的恩恩怨怨，歲月都會磨平；所有流過的淚，海浪都會帶走。

你一腳踩在了盛開的鮮花，鮮花留給你的腳是花香；你一把推開了一門窗，窗外吹來了一陣清新的芬芳；你翻過了一座山，山那邊的風景更加迷人；你走過了一條小河，再看見海洋會覺得是那麼的寬闊。

每個人的生命匆匆而過，短短的數十年，好好的享受。所有的恩恩怨怨，都會讓歲月磨平，所有受過的傷，所有流過的淚，都讓那海浪統統帶走吧。

259

讓自己成為一個有高度、厚度、寬度和溫度的人。

人和人，別說配不配，合適就好，一塊錢的打火機，也能點著一百塊錢一包的香煙，幾千塊錢一桌的菜，還是離不開兩塊錢一包的鹽，人生，哪有事事如意，生活，哪有樣樣順心，所以，不和別人計較，因為不值得，不和自己計較，凡事啊，知足就好！

凝聚力量，讓自己成為一個有高度、厚度、寬度和溫度的人。

260

「我做不到」的說辭，其實只是「不想做」罷了。

我們通常都是主動並頻繁地利用情緒來逃避自己的問題，如果工作、生活遭受挫折，就封閉自我、不與人打交道，這樣的人生只會愈來愈糟糕。

真正的人生意義只有在與人交往中才能體現出來。想要生活的漂亮，需要付出極大忍耐，忘掉所有那些「不可能」的藉口，去堅持那一個「可能」的理由。

人生，就是一場自己與自己的較量：讓快樂打敗憂鬱，讓勤奮打敗懶惰。告訴自己：努力付出，總能遇見更好的自己！

261

放下不健康的快樂，錢不是萬能。

人生，並不是拿來用的，當你躺平的時候，才會發覺你以前認為重要的事，其實一點也不重要。做人，要能放下不健康的快樂，便可得到健康的身體，如果一個人連自己的生命都不在意了，那等於是每天在行屍走肉，枉自為人。要珍惜時間，珍惜生命，當人生走到盡頭的那一刻，才不會惶恐。放下不健康的快樂，錢不是萬能。

262

一步一腳印，你終會獲得成功。

蝸牛不相信自己的緩慢，一步一個腳印的向自己的目標爬行，終於到達了自己的目的地，水滴不相信自己的脆弱，日復一日，年復一年，一步一個腳印的撞擊石塊，終於造就了水滴石穿的奇蹟，蠶蛹不相信堅硬的外殼，一步一個腳印，每天努力一點，終於獲得了破繭重生的光明，在生活中，也許你沒有一個好的開始，但只要你一步一個腳印，每天努力一點，你終會獲得成功！

263

不看過去，活在當下，走向未來。

人生再多的幸運、再多的不幸，都是曾經，都是過去。好與不好都走了，幸與不幸都過了，一如窗外的雨，淋過，濕過，走了，遠了。

曾經的美好留於心底，曾經的悲傷置於腦後，不戀不恨。過去終是過去，那人，那事，那情，任你留戀，都是雲煙。學會忘記，懂得放棄，人生總是從告別中走向明天。不看過去，活在當下，走向未來。

264

年齡、經驗或成就，都不應該成為你停止學習的理由。

你總會在某些時候，面臨困境，作出艱難抉擇，甚至可能會經歷失敗。

但不要因為一些小的失敗、波折就妨礙你的前進。如果事情沒有按照預期進行，不要找藉口。

一定要嘗試找出問題的原因所在，並記住這一寶貴的教訓。如果你發現並承認錯誤，就不會再犯同樣的錯誤。

年齡、經驗或成就，都不應該成為你停止學習的理由。

265

在心底埋葬一個人，永遠不像埋葬一顆塵埃一樣那麼簡單輕易。

有些人嵌在記憶裡卻並不屬於你，他只屬於你生命經歷和疼痛的一部分，難以釋懷的東西，一定是對它太過在乎，躲在孤獨的角落裡撫摸傷痕，那裡依舊感傷潮濕，當告別往事，走進下一個風景時，仍有一絲莫名的痛覺。

人生中有些歡樂可以和人分享，那些深深紮根的痛卻無法與人分擔。選擇將自己永遠消失，是為了對另一顆心永不打擾。

266

直話，要轉個說；冷冰冰的話，要加熱了說。

顧及別人的自尊，得饒人處且饒人。人情留一線，日後好見面。別低估任何人。收斂自己的脾氣，經常要保持沉默，因為衝動會做下讓自己無法挽回的事情。

267

事情的真假，時間會給最好的回答。

我們有時侯被人誤解了，不說，是一種大度，事情的真假，時間會給最好的回答。

被人傷害了，不說，是一種善良，感情的冷暖，時間會給最好的證明；被人詆毀了，不說，是一種涵養，人品的好壞，時間會給最好的澄清。

雄辯是銀，沈默是金。

268

若無相欠，怎會相見。

無論你遇見誰，他都是你生命裡該出現的人，都有原因，絕非偶然，他一定會教會你一些什麼。

喜歡你的人給了你溫暖和勇氣；你喜歡的人讓你學會了愛和自持；你不喜歡的人教會了你寬容和尊重；不喜歡你的人讓你知道了自省和成長。若無相欠，怎會相見！

269

什麼是雕塑？那就是在石料上去掉那些不要的東西。

什麼是雕塑？

那就是在石料上去掉那些不要的東西。

我們自身的雕塑，也要用力鑿掉那些異己的、卻以朋友名義貼附著的雜質。

不鑿掉，就沒有一個像模像樣的自己。

270

該獨立的時候獨立，該求助的時候求助。

當煩擾來襲時，就理性解決。我們相信人定勝天，確實無法獲勝時，就坦然接受。要正確認識自己，有自知之明，不會自我貶損，也不會自我膨脹，在該獨立的時候獨立，該求助的時候求助。

靠近擁有正能量的人，他們分得清世界的黑白曲直，不會在人生的道路上跑偏，也不會隨波逐流。不會誇大事情的不利面。在你需要時給你最中肯的建議，有原則卻又求新求變，有主見卻又聽得進勸。你和什麼人在一起你就是什麼樣的人！

271

結交朋友或許不難，難的是變成知己。

以前覺得自己性格能和很多人合的來，什麼樣的朋友都能結交。

後來明白結交朋友或許不難，難的是變成知己。

人與人之間真的有磁場這回事，一接觸就能感覺出來。

有些人能和你一見如故，有些人和你永遠不會深交。

不是不好只是磁場不合。

能遇到對味的人，真的挺幸運的感謝相遇吧。

272

不摔一跤，不知道誰會扶你；不攤一事，不知誰會幫你。

人與人，不是都可以信任。

心與心，不是都願意付出誠懇。

下雨了，才知道誰會給你送傘；遇事了，才知道誰對你是真心的。

有些人，只會錦上添花，不會雪中送炭。

有些人，只做表面功夫，不會坦誠相待。

珍惜該珍惜的人，做自己該做的事。

人生，因緣而聚，因情而暖，因不珍惜而散！

273

牌友只會催你出牌！酒友只會催你乾杯！而成功人只會教你如何成功！

人生最大的運氣，不是撿錢，也不是中獎，而是有人可以帶你走向更高的平台。其實限制人們發展的，不是智商學歷，是你所處的生活圈子、工作圈子。

所謂的貴人：就是開拓你的眼界，帶你進入新的世界的那個人。

明天是否輝煌，取決於今天的選擇和行動！

274

把握趨勢，厚德載物。

事情成不成有兩個重要的因素：第一是看不清趨勢，盡跟在別人屁股後面，做些看起來沒有風險，但其實已經開始走向衰落的事情；第二便是愛算計、怕吃虧，只想得、不想捨，只想收穫、不想播種，只會努力奮鬥、不會行善積德。

同樣是一件符合趨勢的事情，有福報的人去做，必然是成功的經驗；沒有福報的人去做，結果就成了失敗的教訓。為什麼？德薄，載不住物。

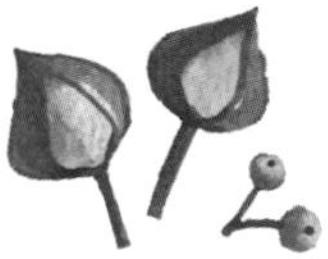

275

成功就是一個過程，誰能熬得住，誰就能成功。

如果你想要現在舒服，那麼就去睡覺去玩耍去發呆。

如果你想要將來舒服，那麼就去努力去奮鬥去吃苦。

這個世界很公平，你要比別人強，你就必須去做別人不想做的事。

你想要更好地生活，那麼你就必須去承受更多的困難。

不吃努力的苦，就會吃生活的苦。

沒有等來的成功，別輕易放棄夢想，選擇了安逸。

276

有一種豪氣，叫做你可以！
有一種霸氣，叫你最棒！

不要總是瞻前顧後，想做的事，就大膽地做。別遲緩了想做的事，有的事純屬機緣，只有邁出腳下那一步，人生才會與眾不同！

277

忙碌的人生，我們要放鬆，但不可以放縱。

放鬆是隨遇而安，放縱是隨心所欲。

輕裝上陣是放鬆，傲視萬物是放縱；輕嚼慢嚥是放鬆，濫飲暴食是放縱；吹拉彈唱是放鬆，輕慢妄說是放縱；健身休閒是放鬆，醉生夢死是放縱。

放鬆，讓人身心愉悅，放縱，讓人精神頹廢。

278

一個人的價值，取決於他所在的位置。

熱戀時，情侶們常感嘆上輩子積了什麼德。結婚後，伴侶們常懷疑上輩子造了什麼孽。同樣一瓶水，便利店裡十塊錢，五星級酒店裡卻五十塊。很多時候，一個人的價值，取決於所在的位置。觀照自我，放對位置。

279

有路，就大膽去走；有夢，就大膽飛翔；若要成功，就要大膽去闖。

大膽，才應該是我們的信仰。
人生的帆，不怕狂風巨浪，只怕自己沒膽量。
不忘初心，別對自己說「不可能」！
只要你敢想，一切皆有可能！

280

絆住腳的，往往不是荊棘和石頭，而是心。

有的路，是腳去走。有的路，要心去走。絆住腳的，往往不是荊棘和石頭，而是心。

所以，看起來是路鋪展在我們眼前，實際上，是心撲騰在路上。

人生最怕的幾個字就是「試試」、「等等」、「看看」、「想想」！

如果你沒有去行動，你永遠不會發現，自己也可以創造奇蹟！

有時候不逼自己一把，就不知道自己有多強大！逼自己一把，身心合一，從腳下開始！

281

善待別人，等於就是善待自己。

從不獲勝的人很少失敗，從不攀登的人很少跌跤。
要想知道成功的滋味，就得少言多行。
決而不斷，斷而不行，必然貽誤時機。
善待別人，等於就是善待自己。
無論生活受到怎樣的傷害，不必忿忿不平、耿耿於懷。
要學會忘記，忘記是對自己的最好保護。

282

人不能霸道，霸道無友；心不能自私，自私則困。

心中有愛有情誼，眼中能容有世界。路，不在他人的行動裡，而在自我修為裡。靜坐常思己過，閒談莫論人非。做事要留有餘地，說話要留些口德。惡語出口不足以喪身，卻足以喪德，言語之惡，莫大於造誣，切記，以訛傳訛言多必失，不造口業。

283

用積極的心態，堅持做對的事。

成功的人，絕不是每天坐著等奇蹟發生。
他們知道，任何奇蹟發生之前，必須經一番努力。
你不主動去爭取創造，只有呆望著別人成功。
成功不是因為別人走你也走，而是在別人停下來的時候，你仍然在行走！
加油吧朋友們，讓我們一起用積極的心態，堅持做對的事！

284

不要只看困境，要看機會。

有人喜歡有人不喜歡，端看你的角色與態度，不要只看困境，要看機會。真的無需抱怨，抱怨的開始先傷的是你自己，努力就有機會，生活有苦樂；人生有起落，想愉快的事，只看你有的，正向思考，這就是正能量吸引力法則。

285

人一輩子活著有兩個追求：一個是有錢，一個是值錢。

有錢的人不一定值錢，但值錢的人早晚會有錢。

一個人不斷學習不斷努力的過程就是讓自己不斷值錢的過程：值錢之前，是你求別人；值錢之後，是別人求你。

值錢前後的這一轉變叫做「價值轉折」，也就是一個人的個人價值從量變到質變過程。學習讓自己值錢！

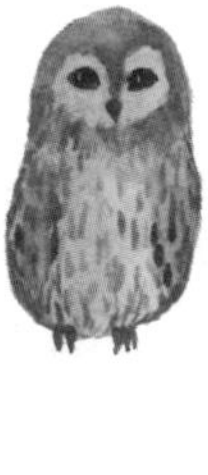

286

做該做的事，而非只做喜歡的事。

任性是事業最大的敵人。
伴隨著年齡增長，我們應該學會完善自己的個性，控制自己的情緒，莫過度任性而為。
雖然有點痛苦但如果想要成功，就要記住：成熟的人做該做的事，而非只做喜歡的事。

287

善待他人，善待自己。

生活的道路上，要學會善待他人，也要懂得善待自己。

善待他人，可以讓人生走得更遠。

善待自己，可以讓生命活得滋潤。

無論是善待誰，其實都是溫暖在流轉，都是愛在延宕，最終，施及別人，惠澤自身。

288

生活中的許多煩惱，並不是來自生活的複雜，而是在於自己的心。

有時候事情其實沒有那麼嚴重，是我們的想法把自己困住了！過多雜念，折磨得我們力不從心，一頭鑽進了牛角尖，爬不出來。生活的茫然與悠然其實只在自己的方寸之間，適時地轉換思維，放下無謂的固執，才能海闊天空。

289

生活，就是朝起暮落的輾轉，人生，就是月缺月圓的浮沉。

一個懂得感恩的人，定是一個善良的人，一個胸懷若谷的人，定是一個心地澄明的人。心中有多少恩，就有多少福，心中有多少怨，就有多少苦。要相信任何事情的發生都有其原因，並有助於你，相信一切都是最好的安排，相信宇宙中所有事情的發生，都是來幫助你實現目標和夢想的，要麼為了考驗你，要麼為了成就你，心存感恩，才會獲得源源不斷的正能量開始。

290

誰的福報越多，誰的能量就會越大。

未來，是一群正知，正念，正能量人的天下。

真正的危機，不是金融危機，而是道德與信仰的危機。

誰的福報越多，誰的能量就會越大。

與智者為伍，與良善者同行，心懷蒼生，大愛無疆，與人為善。

291

早晨，是優雅的。當陽光照耀的那一刻，心靈是溫暖的。

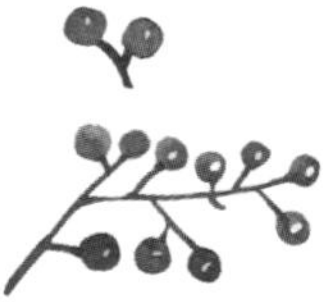

感覺著呼吸，感覺著時間，感覺著生命，就是一種自信，一種力量。當人擁有寬闊的胸懷時，其實已經沒有什麼畏懼，一切如同這樣的早晨，盡在心中，盡在不言中，盡在優雅中。

292

內心堅強，思想豐富的人，他不在乎有多少人誤解他，也不在乎有多少世俗的偏見。

他的內心就是有個完美的世界，內心的豐富，足以彌補外在物質的匱乏。

內心堅強的人，就是真正有思想的人，而真正有思想的人，也必然是內心堅強的人。

內心堅強的人，一定是：堅持信念，勇敢面對自己的人。

293

提起，放下，了然於胸。

生命中的經過，冥冥中都已經註定，凡走過，皆是風景，你所追求的，得之你幸，失之你命。所有的經過，都是一場修行。

滄桑以前，走過一條荊棘叢生的路，滄桑以後，烏雲密佈也無畏無懼。佛法叫人要放下，但是放下之後，更要能提得起；當你提起之後，還要能夠放得下。

人的心裡，嗔恨嫉妒、憂悲苦惱，負擔太重，應該放下；責任公理、慈心悲願，應該提起。當提起時，提得起；當放下時，放得下。悟透了，參破了也就自然解脫了，不言放下，也已放下。

提起，放下，了然於胸。

294

儘管生活百般無奈，但是我們要信心百倍！

生活給我們一千次理由哭泣，我們要拿一萬個理由笑對人生！人生就像不倒翁，倒下去又彈回來！

誰不遇到點磕磕碰碰，誰不遇到點坎坎坷坷，誰不遇到點風風雨雨，風雨後的彩虹才最美麗，苦痛後的甘甜才有滋有味！致一直在為夢想堅持的朋友，只要你不放棄你的夢想，夢想永遠不會放棄你！千萬別讓人偷走你的夢想！

295

為別人打傘，給自己積福。

不在別人遇到苦難時袖手旁觀，無動於衷；不在別人落難時不聞不問，落井下石。肯為別人打傘，才是一生最大的財富。人生在世，並不是充滿競爭和掠奪，更多的是共贏。有了這種人格，人生定會收穫物質和精神的雙重財富。

296

不悲過去，非貪未來，心繫當下，由此安詳。

讓該來的來，讓該去的去，不欣羨別人，不哀憐自己。

不留戀過去，不幻想未來，把握現在，播散良種，只問耕耘，不問收穫。

不強求，不妄取，貴在隨緣。

不悲過去，非貪未來，心繫當下，由此安詳。

297

忘記你的過去，看重你的現在，樂觀你的未來。

當你明白，成功不會顯赫你，失敗不會擊垮你，平淡不會淹沒你時，你就站在了生命的最高處。

當你修煉到，足以包容所有生活之不快，專注於自身的責任而不是利益時，你就站在了精神的最高處。

當你以寬恕之心向後看，以希望之心向前看，以同情之心向下看，以感激之心向上看時，你就站在了靈魂的最高處。

298

現在站在什麼位置並不重要，重要的是前進的方向。

對明天最好的準備就是把今天做到最好。

看似有很多事情足以把你打倒，但真正能打倒你的只有自己。

努力過後才知道：

許多事情，堅持堅持就過來了。

現在站在什麼位置並不重要，重要的是前進的方向。

你永遠不知道明天會有怎樣的驚喜，做就對了。

299

以人為鏡，可以明得失。

人生最重要的工作是學別人，修自己。
但大多人都在修別人，學自己！
成長最快的方法是把別人對自己的不滿和建議，甚至是抱怨，都當成修正自己的契機，完善自己的鏡子。
正所謂以人為鏡，可以以明得失！

300

決定我們命運的，永遠是自己！

你不變，時代在變！你不變，環境在變！你不變，市場在變！你不變，朋友在變！

時代的腳步不管你接受不接受都要到來，無需你同意，也不用跟你商量！

該來的總是會來，過去的你和今天的你，是什麼都不重要，重要的是你未來要成為怎樣的人？

因為決定我們命運的，永遠是自己！

301

快樂常來自於很小的事，來自珍惜、來自感恩。

在冬天，喝一壺熱茶，洗個熱水澡，都是一種快樂、惜福與感恩。悲觀的人因為斷了一隻腳而怨天尤人，樂觀的人因為還有一隻腳而感謝上帝。有人因為考七十分覺得很差勁，也有人認為我答對了七十分而雀躍不已。

事情沒有改變，但是快樂的感覺卻差很多。

每一件人、事、物都有好與壞。

悲觀的人擔心失去的部分，樂觀的人，看到擁有的部分。

快樂常來自於很小的事。珍惜、感恩，快樂其實可以很簡單。

302

當你的心向別人傾斜時，自己的身影就已經倒下了。

每一個人和事，都有自己存在的價值和位置，當你的心向別人傾斜時，你的身影已經倒下了。改變自己，永遠比跟他人計較爭執重要。學會獨立，加強內心，承受外在隨時發生好壞事情的能力。

303

人生路踏實走，不要試探，更不要懷疑。

人總是在懷疑自己腳下踏的路，總是要走了一大圈再繞回來，真是浪費生命。不要走走停停，不要在意旁人的指指點點，你的人生需要自己操盤。

步伐堅定，踏踏實實，穩穩向前。

304

因為看輕，所以快樂；因為看淡，所以幸福。

我們都是天地的過客，很多事都做不了主。你越想抓牢的，往往離開越快。

不妨順著生命的河流吧，凡事不必太在意，一切隨緣隨心。

就像電影臥虎藏龍裡的台詞：「把手握緊，裡面什麼也沒有，把手放開，你得到的是一切。」

因為看輕，所以快樂；因看淡，所以幸福。

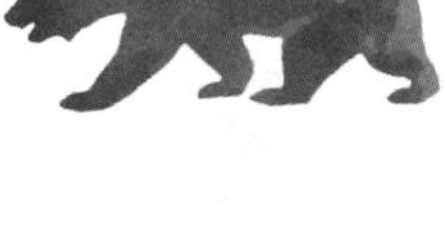

305

把注意力放在哪裡，哪裡就會成長，而且會成為你生活中永久存在的東西。

但凡成功之人，往往都要經歷一段沒人支援、沒人說明的黑暗歲月，而這段時光，恰恰是沉澱自我的關鍵階段。遠離否定的事物，把注意力放在你真正想要的肯定的事物上。

306

生活就是修行。

我們的觀念跟脾氣混合而成了態度。

處世的態度，有稜有角，會傷到別人，就是沒有修行。

當我們的處事態度，沒有稜也沒有角，而且別人的稜、別人的角碰觸到我們的時候，也不痛不癢，就是修行。

307

發善願，不抱怨。

看到別人不慈悲，不用去抱怨他不慈悲，應該發願自己要成為更慈悲的人；看到別人在傷害他人的時候，發願要成為一個不會傷害別人的人。

遇到煩惱的時候，不是去抱怨，或者去厭惡。當我們在抱怨，就像是把對方的黑煙吸過來，自己也就跟著一起黑了。

即使現在所處的生活環境，讓你覺得很黑暗，我們都有勇氣不去抱怨、也不氣餒，因為就算很黑暗，我就是那第一道光啊！成為自己的那道光。我們要學習、實踐這個事情。

當你能夠發願，就不會讓那些負面情緒和煩惱佔據了你的心。

308

心亂，一切亂，心靜，一切安好。

思路清晰遠比賣力苦幹重要。
心態正確遠比現實表現重要。
選對方向遠比努力做事重要。
做對的事情遠比把事情做對重要。
心亂，一切亂，心靜，一切安好。

309

逆境有時是人生最曼妙的風景，面對它最好方法是內心的淡定與從容。

如果這世界上真有奇蹟，那便是你能坦然面對逆境。

一輩子沒有遇見逆境的人，可能並不幸運。

所謂人生勝利組的人，當他愈到生命盡頭，他會活得愈危險。

一個人一生都是順境，他如何接受死亡？

接受消逝？接受無我？多半他只能在晚年時，恐懼地活著。

走過逆境的你，心已是夏天。

比春天、秋天、冬天，更內斂、深刻、洗練，更心存感激，樂於讓陽光曝曬，滿足於炎熱的炙烤，即使孤獨，也不再為寂涼所困。

310

常傳訊息給你的人，不是因為太閒，而是因為心中有你。

喜歡主動買單的人，不是因為錢太多，而是把友情看得比金錢重要。

工作時願意主動多做的人，不是因為傻，而是懂得責任。

吵架後先道歉的人，不是因為錯，而是懂得珍惜身邊人。

願意幫助你的人，不是欠你什麼，而是把你當真朋友。

常傳訊息給你的人，不是因為太閒，而是因為心中有你。

311

一心一意做好我自己，即使不完美，也是最美。

站在人群，我毫不起眼，一個普通而又平凡的我；活在世上，我不玩心眼，一個簡單而又明瞭的我。即使我容貌平平，也不去討好不喜歡我的人，也不會巴結看不起我的人，我只想讓看重我的人因我而自豪。

人活一世，我不想戴著偽裝的面具，那樣活得太累；紅塵一遭，我不想穿著修飾的外衣，那樣自己受罪。懂你的人不用解釋，不懂你的人不必解釋；愛你的人不會放棄，不愛的人遲早離去。

一心一意做好我自己，即使不完美，也是最美。

312

人生需要走走停停，而節奏由你決定。

一路奔跑你會錯過景色，停下不前你會錯過下一個轉角。人的一生要瘋狂一次，無論是為一個人，一段情，一段旅途，或一個夢想。

生活就是改變，創新。有時痛苦，有時精彩。但大多數時候，兩者兼有。

等紅綠燈的時候我們應該開心，因為等待是會有結果的。換做其他呢？你永遠不知道它什麼時候會來，或者會不會來。

人生需要走走停停，而節奏由你決定。

313

抓緊時機，立即行動！

世界上最偉大的就是立即行動，不管你想做什麼，請不要猶豫徘徊彷徨，當你邁出第一步，就已經走到成功的一半了，所以，活在當下，立即行動！人生不怕做錯什麼，怕的是錯過什麼！

314

人，相互幫扶才感到溫暖。

人，相互幫扶才感到溫暖。
事，共同努力才知道簡單。
路，有人同行才不覺漫長。
友，相互記掛才體味情深。
與人為善，不遺餘力地成就他人，不知不覺也成就了自己。
一己是人，眾人是天。
謀事在人，成事在天。
路在腳下，請用心去走。

315

世上沒有絕望的處境，只有對處境絕望的人。

生命太短暫，沒時間遺憾，一分鐘都不要留給那些讓你不快的人或事。只要心是晴朗的，人生就沒有雨天！世上沒有絕望的處境，只有對處境絕望的人。

316

與高人為伍，與德者同行。

生命裡，真正讓你難以忘懷，並深懷感恩的，絕對不會是路上的苦楚和風雨，而是最初那個不顧一切清醒且勇敢的自己，和一直給予我指導與說明的導師。

珍惜緣份，以善為念，學會感恩；以誠相待，以心相交！與高人為伍，與德者同行。

317

錯過一輛車，可以等；錯過一個人，也許就是一輩子。

當你遇到你人生中的貴人時，要記得好好感激，因為他是你人生的轉折點！

不要去傷害一個對你好的人，因為他不是對人人都好；一輩子碰到一個這樣的人不容易。

錯過一輛車，可以等，錯過一個人，也許就是一輩子：如果失去真正對你好的人，失去後，將不再回來。

318

珍惜友情，有你真好。

交一個朋友往往需要幾年或幾十年；而得罪一個朋友可能只需要幾分鐘或一件事。

俗世浮華，人心的複雜及對一些細微小事的敏感，都容易阻礙友情的發展。

或許只因為是朋友，彼此少了一些顧慮，少了一份尊重，才會如此。朋友間有時走得太近，關係會變得複雜，離的太遠，又會失去聯繫。不刻意強求友情，用心去珍惜呵護一份友情。即使不會天長地久，至少曾經擁有……

珍惜友情，有你真好。

319

留一點空白，這是生活的智慧。

給自己留點空白，會使心靈更暢快地呼吸。
當你春風得意時，留點空白給思考，莫讓得意沖昏頭腦。
當你痛苦時，留點空白給安慰，莫讓痛苦窒息心靈。
當你煩惱時，留點空白給快樂，煩惱就會退散，笑容便會增多。
當你孤獨時，留點空白給友誼，真誠的友誼是第二個自我。
留一點空白，這是人生的真理；留一點空白，這是生活的智慧。

320

當一顆小太陽，散發正能量磁場。

我們都有這樣的體會：與有些人聊天，興致勃勃，意猶未盡，就算是陰天，心裡也裝著太陽，令你容光煥發，信心倍增，感受到人性的光輝和社會的美好。

與有些人聊天，會被對方的幾十個「鬱悶」變的鬱悶。

就算那天雖是晴空萬里、豔陽高照的天氣，也會頓覺眼前烏雲密佈，大有黑雲壓城城欲摧之勢，讓你對未來沒有信心。

正能量，是一種充滿陽光的心境，猶如一種磁場，能給對方的心靈以強大的吸引力。

我們都要努力當一顆小太陽，散發正能量磁場。

321

轉眼無常，珍惜當下，用心生活。

人生在世最終要面對的課題，就是會逐漸的老去，身體會有各種違和病症。

或者是疑難雜症，不管年齡大小不免還是要面對死亡的議題。每個人應該都正視並且做好準備，以免無常到來時措手不及，當呼吸一停止時，再來後悔有什麼用啊。

轉眼無常，珍惜當下，用心生活。

322

你沒有大事可做，就會在小事上糾纏不休而忘了前行。

你不清楚為什麼而忙，就會忙不到點子上而浪費時光。
你沒有大事可做，就會在小事上糾纏不休而忘了前行。
你心中沒有夢想，就會把蠅頭小利當成追逐的物件。
你不知道心中的嚮往，就會心裡沒底越走越心虛。
你不能成為心靈的主人，就會淪落為外在情物的奴隸。

323

人生不是考試，沒有標準答案。

我們之所以活得累，往往是因為放不下面子來做人。

人生不是考試，沒有標準答案，任何一種職業，一種身份，一種生活狀態都有被尊重的理由，只要尊重自己的內心，聆聽自己靈魂深處發出的聲響，知道自己是誰，知道自己想要的是什麼，知道自己該如何去選擇自己想要的生活，不是為滿足別人的眼光，滿足社會主流的價值觀。

時時問自己：「我是誰？忙什麼？要什麼？」訓練一顆強大的內心，為自己負責，坦然接受自己的選擇所帶來的任何一種後果。

324

不離不棄的，才是真朋友；不見不散的，才是真守候。

時間，帶不走真正的朋友；歲月，留不住虛幻的擁有。

時光轉換，體會到緣分善變；平淡無語，感受了人情冷暖。

有心的人，不管你在與不在，都會惦念。

無心的情，無論你好與不好，只是漠然。

走過一段路，總能有一次領悟。

經歷一些事，才能看清一些人。

真正的朋友；無需想起，因為從未忘記。

不離不棄的，才是真朋友；不見不散的，才是真守候。

325

一開始就要慎重以對。

開始時就要小心應對，起頭的因緣若沒有處理好，後果則會變得很難收拾。

對應人與事，出發點非常重要。

好事、壞事皆由一念而生；好運、厄運都從念頭開始，如同種子發芽生長一般，慢慢再配合一些助緣而形成的結果。

好運人人都想要，但甚少有人知道：發好的念頭，即是造就好運的開始。

326

相由心生，境由心轉。

內心善良，柔和，寬厚，必長福相，那是多麼昂貴的化妝品都裝扮不出來的。相由心生，境由心轉。

人心生一念，天地盡皆知，善惡若無報，乾坤必有私。

有些人，似荷，只能遠觀。

有些人，如茶，可以品。

有些人，像風，不必在意。

有些人，是樹，值得依靠。

人生就是一場修行，修的就是一顆心，心柔順了，一切就完美了，心清淨了，處境就美好了，心快樂了，人生就幸福了。

327

雞蛋，從外打破是壓力，從內打破是成長。

如果你等待別人從外打破你，那麼你注定成為別人的食物；如果能讓自己從內，打破，那麼你會發現自己的成長相當於一種重生。唯累過，方得閒；唯苦過，方知甜。趁着年輕，大膽地走出去，去迎接風霜雨雪的洗禮，練就一顆忍耐、豁達、睿智的心，幸福才會來。

328

人因無而有，因有而失，因失而痛，因痛而苦。

人總是從無到有就歡欣，從有到無則悲苦。其實，有有何歡？一切擁有都以失去為代價。無有何苦？人生本來一場空。有無之間的更替便是人生，得失之後的心態決定苦樂。緣來不拒，境去不留，看淡了得失，才有閒心品嘗幸福。

329

以平常的心，接受已發生的事實。

以美好的心，欣賞周邊事物；以真誠的心，對待每一個人。

以負責的心，做好份內的事；以謙虛的心，檢討自己錯誤。

以不變的心，堅持正確理念；以寬闊的心，包容，傷害你的人。

以平常的心，接受已發生的事實。

330

苦也一天，樂也一天。

有時候，朋友的一些做法也許傷害了你；家人、同事的誤會讓自己苦惱，生活中有很多事情並不如意，甚至讓你痛不欲生，但我們何不換一種思維方式，學會放下呢？試著去原諒吧、放下吧！去擁抱辜負了你和你所辜負的人吧！原諒別人是一種豁達，原諒自己是一種釋懷，原諒一切可以原諒的一切，學會了原諒，你會發現輕鬆了、愉快了、自信了、成熟了。放了別人，也就放了自己。

331

當你滔滔不絕的時候，你的愚蠢越會暴露無疑；當你洗耳恭聽的時候，你的智慧越會快樂生長。

聆聽是取人之長，補己之短的良方。
聆聽是溝通雙方，尊重對方的橋樑。
聆聽是拋棄錯誤，遠離懊悔的法寶。
沉默能省去許多煩惱，傾聽是最大的智慧。
學會傾聽，你會發現世界也在跟著你笑。

332

人生是一種平衡，擁有了這樣，必然會錯過那樣。

人生是一種平衡，擁有了這樣，必然會錯過那樣。什麼都想得到，結果往往會失去更多。

公平就如天平的兩端，一端的付出越多，另一端才能承載更多的希冀。

所以，在我們處於波谷的時候，不必太過悲觀，總有一天會朝上走；而置身波峰的時候，不要忘乎所以，生活不變的規則就是變。槓桿人生，敢於面對。

333

當生活安排某些事件給你，不論好壞，你都應該感謝。

當生活安排某些事件給你，不論好壞，你都應該感謝。
正是通過這些事件，你成為了你。
有時越是你在乎的事情，越是想不明白。
原因很簡單：因為在乎，所以多想。
其實任何一件事情，只要內心簡單並甘願，便會變得簡單。
我喜歡這光陰裡的人或者事，滾滾紅塵，人講人緣，物講物緣，緣來緣去，緣來是你。
我知道那屬於我的，都將是好光陰，即使悲欣交集，我亦會珍惜。

334

試問著，你有愛過自己嗎？

一個人的心胸狹隘只是每天在看自己的世界，又要去面對現實又實在的社會，內心又無法屈服這個現實的社會，所以常常就在折磨自己，感情貧窮了，得不到愛了，就會開始怪東怪西了，怪人家不愛你，那自己試問著有愛過自己嗎？

如果能愛自己人家就不拋棄你，你不愛自己當然別人就拋棄你，做人都無法肯定自己了，那誰還來肯定？

335

沒有過不去的事情，只有過不去的心情。

很多事情我們之所以過不去，是因為我們心裡放不下。

被欺騙了，報復放不下。

被諷刺了，怨恨放不下。

被批評了，面子放不下。

大部分人都只在乎事情本身，並沉浸於事情帶來的不快的心情。

不要把事放在心上，要把心放在事上，凡事真的都會過去的。

336

人生，有很多東西都是過期不候。

就像與很多人的交集，既是轉身離去，便是後會無期。
曾經一度認為，自己永遠不會疏遠的某些人、某些事。
如今卻出乎意料的雲淡風輕，視為風煙。
也許，這便是歷練，便是成長。

337

不要為圖一時之快，结難解之怨；不要為爭一時輸贏，輸全部心情。

其實「不爭」是一份清醒，其實「隨緣」是一種積極的心態。隨緣，常常被理解為不需要有所作為，其實，隨緣不是放棄追求，而是以豁達的心態去面對生活。隨緣是一種智慧，可以讓人在狂熱的環境中，依然擁有恬靜的心態，冷靜的頭腦；隨緣是一種修養，是飽經人世的滄桑，是閱盡人情的經驗。不要因為別人的一句話，奪走你今天的快樂。

338

若總被忽視，又何必作賤了自己；若不被珍惜，又何必苦苦去維繫。

學會放棄，是灑脫離開的美麗，更是自信的魅力。
時間，不要浪費在沒有價值的事情上。
感情，不要傾注在不懂珍惜的人身上。
有些主動，別人不理就算了；有些在乎，他人不覺就罷了。
何必用真心換來傷心，何苦用重視收回漠視。
心裡有你的人，不會讓你等到心痛。
心裡沒你的人，等再久也是沒有用。
你是唯一，必須要有自信的魅力；你很珍貴，所以要活得很高貴。

339

心不快樂，就變一變！人隨心變，境隨心轉。

生活，是一部無字的書，每個人有每個人的讀法。
生活，是一道多解的題，每個人有每個人的答案。
生活，是一杯濃淡的茶，每個人有每個人的品味。
做個簡單的人，感覺累了，就停一停，健康重要。
心情悶了，就靜一靜，順其自然。苦了倦了，學放下。
走的急了，就緩一緩，看看風景。路不通，就換個方向。
心不快樂，就變一變！人隨心變，境隨心轉。

340

口德，就是說話的道德。

人受一句話，佛受一柱香。

口德，就是說話的道德，也就是不出口傷人。

一生須練就兩項本領：一是說話可結善緣，二是做事讓人感動。

若不注意口德，說出傷人的話，往往就像往牆壁上釘了釘子，待悔悟時拔下釘子，卻永遠留下了疤痕。

一個人若有一顆豆腐心，卻長著一張刀子嘴，也往往會使人倍感寒心而受到排斥。少一點負面的語言，多一些正面的好話，學會讚美別人，多講一些有意義的話，語言才會有分量。

培養自己的定力，把嘴巴管嚴實點，不造口業，訓練一張「禪定」的嘴。

341

人生向前，是一個成長的課題，是突破不是固執，是思考不是糾纏。

生命的過往，是凝聚那些積極的智慧，堅韌的力量。當然要清醒，世間沒有好走的經過。當然也要相信，所有的磨難背後，都是又一次峰迴路轉。柳暗花明，勇敢向前。

342

心靜、心淨、心敬，境就靜。

心靜，可以看得到大自然最美的一面。

心淨，可以聆聽到大自然傳達的訊息。

心敬，可以意會出大自然生命的智慧。

心境，可以容得下大自然豐碩的能量。

只要心靜、心淨、心敬，境就靜。

心地寧靜的風光，無限美好。莞爾一笑，迎接太陽。

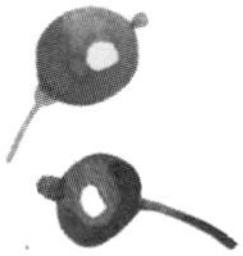

343

天下無難事，只怕你沒心。

人生沒有絕境，失去什麼也不能失去希望。
絕境不僅僅是一場磨難，更是人生的一種醒悟和昇華。
行至水窮處，坐看雲起時。
即使走到山窮水盡之時，也能有閒心看白雲悠悠。
船到橋頭自然直。不直，也能坐看行船流水。
天下無難事，只怕你沒心。

344
痛不言，笑不語，迷不失，驚不亂。

人生難得四境界：

一是痛而不言。無言不是不痛，而是直面悲痛、疼痛和慘痛。

二是笑而不語。淡然一笑，有時勝過千軍萬馬。

三是迷而不失。淡定是人生修煉，癡迷和失態會傷及自身。

四是驚而不亂。寵辱很難不驚，心驚則心動，而動中有靜、驚而不亂則具有別緻之美。

痛不言，笑不語，迷不失，驚不亂，你就掌握了人生的力量。

345

身處逆境時，我們要堅守希望，才能走出困境。

在人生的大舞臺中，無論是誰，都不可能永遠是鮮花坦途，總會有荊棘坎坷，身處順境時，我們居安思危，路才長久。身處逆境時，我們堅守希望，才能走出困境。

無論怎樣，我們都是自己生命電影中的主角。命運的安排，成為我們修煉的助緣。心懷善念，堅持信仰，發揚正能量，感恩身邊人，收穫清淨和喜悅。

346

珍愛自己，海闊天空。

親愛的自己，從今天起，讓自己平淡快樂的活著。

學著愛自己，我是獨一無二的，做個最真實最快樂自己吧。

不去在意一些人和一些事，順其自然，用最佳心態面對一切，因為世界就是這樣，往往在在乎的事物面前，我們會顯得沒有價值。

親愛的自己，用心做人，用愛待事！忘記昨日所有過的煩惱；明天依然是初升的太陽！

347

吃虧並不代表軟弱可欺，原諒並不代表著丟棄原則。

人和人之間難免有碰撞有摩擦有矛盾，或許對方根本就是無意，或許對方有難言之隱，退一步天地寬，不妨試著置之一笑，給別人也給自己一次機會。

原諒別人需要有自我犧牲的精神，具有高遠的寬闊的胸懷，吃虧並不代表軟弱可欺，因為原諒遠遠比報復好！

原諒別人並不代表著丟棄原則！原諒寬恕心更廣闊。

348

用別人的經驗，長自己的智慧。

讀書和學習都是在和智慧聊天。
用別人的經驗，長自己的智慧。
把讀書變成一種習慣，會增進你的見解，加深你的思想，還能保持你的個人魅力喔。

349

別為難自己。

人生之累，累在心，生活之難，難在人，我們總是心有不甘，為生活的種種不如意而心煩，為人生的境況不如願而悲傷，許多事，盡力而倍感為難，許多人，相識而又感到艱難，生活總是留給我們許多為難，讓我們處處艱難，其實，好多傷感，半是生活，半是自己。

不要為難自己，凡事但求無愧於心，盡力就好。

350

人生沒有多少事情會比快樂更重要。

豁達一點，看淡一些吧！
因為人生沒有多少事情會比快樂更重要。
一段路，走了很久，依然看不到希望，那就改變方向。
一件事，想了很久，依然糾結於心，那就選擇放下。
一些人，交了很久，卻感覺不到真誠，那就選擇離開。
決定命運的 是你的選擇；選擇對自己負責，命運就會對你負責。

351

早睡早起，身體好。

無論你現在多年輕，如果不想暮年時，苟且活在病痛中，那麼就從現在開始，遠離不健康的作息，注重保健、加強鍛鍊，記住健康才是人生的最大資本！

有保養，坐的是單車；沒保養，坐的是輪椅。有保養，親人餵你吃東西是甜蜜；沒保養，向你餵食是無奈。

養成良好有規律的生活作息，睡覺是養生第一要素。睡眠是身體進行自我調整的時刻，你侵略了它的時間，它便侵略你的健康。

早睡早起，身體好！

352

不道人是非。

「不說是非」四個字是很不容易做到的。我們天天都在搬弄是非，搬弄得非常多。嘴上沒有說，心裡在說。

是非就是你對我錯。其實，佛法講因緣，修行人不可以跟世間人一般見識，來做法官、做裁判，判你對我錯、是非曲直，而是要站在佛法的立場，以更高的姿態來包容所有的人。

心中有是非，就會說是非、聽是非、傳是非、較是非。心中沒有是非，自然不會說是非，也聽不到是非，當然更不會傳播是非、計較是非。所以要切實去思維它，單單一句「不說是非」，就不是那麼簡單的一件事。

當然我們可以從最基本的做起：不道人是非。

353

人有善念，天必佑之。

不管我們從事什麼工作，不管我們扮演什麼角色，要守護好一顆善良的心，不用擔心，我們的善良沒有人能看到，當你看到醜陋的變得越來越美，當你發現一花一草都在對你微笑，當你發現每件事都充滿順緣，當你發現身邊的人越來越喜歡你，這就是善良的回報。

354

寧可出去碰壁，也不在家面壁。

寧可出去碰壁，也不在家面壁。

是狼就要練好牙，是羊就要練好腿。

什麼是奮鬥？奮鬥就是每一天很難，可一年一年卻越來越容易。不奮鬥就是每天都很容易，可一年一年越來越難。

能幹的人，不在情緒上計較，只在做事上認真；無能的人，不在做事上認真，只在情緒上計較。本事不大，脾氣就不要太大，否則你會很麻煩。能力不大，慾望就不要太大，否則你會很痛苦。做好準備，全力以赴。

355

如果你什麼都不敢嘗試，你將永遠一事無成。

如果今天你很貧窮，是因為你懷疑一切。
如果你什麼都不敢嘗試，你將永遠一事無成。
商機就是：在別人懷疑時，你行動了。
在別人行動時，你賺錢了。
當別人賺錢時，你成功了！
人生有一種遺憾，想做卻沒有機會。
人生有一種悲哀，有機會時卻沒有把握。
人生有一種後悔，把握了卻不敢行動。
你行動的速度，決定你口袋裡錢的厚度！

356

只有真正認清了自己，才會明白自己需要什麼。

一個人如果安於現狀，倒也罷了，怕的就是苦於內心的不甘心，但卻不願意改變。

你要清楚，你的道路不是任何人可以替你打算和安排的。你要明白，你不是任何人的翻版，也不是別人的替代品。只有真正做自己，才能活得踏實和快樂。

只有真正認清了自己，才會明白自己需要什麼。找到一條適合自己的道路，不用瞻前顧後，不必好高騖遠，心裡清楚自己想要的是什麼，就堅定地走下去。

357

有人惦記，就是幸福。

有多少人，從無話不談到無話可談。
有多少緣，從一朝相逢到一夕離散。
緣分的深淺，總是忽近忽遠；人心的冷暖，總是一直變幻。
熟悉的陌生了，陌生的走遠了；人在情在，人走茶就涼。
人與人之間，全靠一顆心；情與情之間，全憑一寸真。
有人惦記，再遠的路，也是近的。
有人掛念，再淡的水，也是甜的。
有人思念，再長的夜，也是短的。
有人關懷，再冷的天，也是暖的。

358

有些事實在辦不到，就算了吧，千萬別為難自己。

人活在世上不可能事事盡如人意，遇到困難和煩心的事情，聽聽別人的奉勸，也有好處，但是化解心裡的矛盾主要還是得靠自己，心煩時不妨想想凡事別勉強這句話，或許對調整心態有所幫助。

生活中有許多事，可能你經過再多的努力都無法達到，因為一個人的能力必定有限，要受各種條件的限制，只要自己努力過、爭取過，其實結果已經不重要了；有些事，實在辦不到，就算了吧，千萬別為難自己。

359

把握今朝，懂得放手，該斷就斷。

一個人，就算再留念，如果你抓不住，就要適時放手，久了你會神傷，會心碎。

任何事，任何人，都會成為過去，不要跟它過不去，無論多難，我們都要學會抽身而退。

現在過的每一天，都是餘生中最年輕的一天。請不要老得太快，卻明白得太遲。很多錯誤不必親自試驗，在別人的經歷中吸取營養也是一種智慧。

人生，別上錯了車！把握今朝，懂得放手，該斷就斷。

360

能吃虧的人，人緣必然好，人緣好的人，機會自然多。

愛佔便宜的人，終究占不了便宜。

撿到一棵草，失去一片森林。

心眼小的人，天地大不了。

心裡只有自家的事，其他的事也就慢慢與他無關。

只有惜緣才能續緣。一定要善待身邊的親人，關心身邊的朋友，寬恕那些傷害你的人。也許，這就是因果。心中無缺叫富，被人需要叫貴。能吃虧的人，人緣必然好，人緣好的人，機會自然多。人的一生能抓住一兩次關鍵機會，足矣！

361

爬上峰頂不是為了讓全世界的人看到，而是可以看到全世界。

真正的快樂不僅僅是一個目標的達成，
而是那份努力背後成長的心。
成功不是追逐一個目標，
而是通過努力贏得信心、責任、擔當和勇氣！
拼搏的人生才會獲得永久的快樂和持續的幸福！

362

轉念之間，快樂相隨。

細品人生過去的仇恨，只會讓生命每天被痛苦浸潤，這樣一來，恨不是又加深了嗎？難道做人一定要去細細品嚐這種仇恨、痛苦嗎？

何不轉個心念，去觀心、悟心，就可以見到明月似珠，無禍無門，自然平安令人心舒，那這樣哪來的冤親債主呢？

人生的美好只能往前走，如好酒一樣，品嚐人生的酸甜苦辣，這樣一來，快樂總是會伴隨著你。

363

凡事盡力就好。

忘記你所失去的，珍惜你所擁有的。
未來的命運會怎樣，全在於今天的努力。
誰都不能苛責一個努力的生命。
不管是怎樣的人生，只要自己盡了最大的努力，
就該無怨無悔，就無需「假如」或再「我以為」……。

364

讀懂別人是一種欣喜，被人讀懂是一種幸福。

友不在多，貴在風雨同行。
情不論久；重在有求必應。
只要你要，只要我有；只要你需，只要我能。
所謂義：不是得意時的花言巧語，而是關鍵時刻拉你的那隻手！
用心交友，朋友皆是貴人，用心愛人，人人皆是親人，用心做事，事事皆是好事。讀懂別人是一種欣喜，被人讀懂是一種幸福。
養成感恩的心，一輩子受用不盡，感恩有你們，有你真好！

365

人生，只在呼吸間。

人生是無常的，只是我們常忘了這個大自然的法則，以為自己是恆久不變的、是能主宰一切的。

很多人終其一生在人生舞臺上爭權奪利，卻忘了自己終將一死。

其實，這個世界我們只有使用權，並未擁有所有權。

世界上的東西沒有一樣是屬於自己的，一切都只是暫時借給我們使用罷了！

珍惜生命，豐富生活。

國家圖書館出版品預行編目（CIP）資料

每日一句正能量 ：保持樂觀的365種態度 / 陳辭修
作. -- 第一版. -- 臺北市 : 樂果文化, 2017.1
面 ; 公分. -- (樂分享 ; 1)
ISBN 978-986-93384-6-2(平裝)

1.成功法 2.生活指導

177.2 105023232

樂分享 1

每日一句正能量：保持樂觀的365種態度

作者 ／ 陳辭修
總編輯 ／ 何南輝
責任編輯 ／ 謝容之
行銷企劃 ／ 黃文秀
封面設計 ／ 張一心
內頁設計 ／ 上承文化

出版 ／ 樂果文化事業有限公司
讀者服務專線 ／ （02）2795-3656
劃撥帳號 ／ 50118837 號　樂果文化事業有限公司
印刷廠 ／ 卡樂彩色製版印刷有限公司
總經銷 ／ 紅螞蟻圖書有限公司
地址 ／ 台北市內湖區舊宗路二段 121 巷 19 號（紅螞蟻資訊大樓）
電話：（02）2795-3656
傳真：（02）2795-4100

2017 年 1 月初版一刷　定價／ 250 元　ISBN 978-986-93384-6-2
2022 年 11 月　四刷 (500 本)